Auxiliando a humanidade a encontrar a Verdade

O Evangelho de Tomé
Um caminho para Deus

© 2012 – Conhecimento Editorial Ltda

O Evangelho de Tomé
Um caminho para Deus

Nelci Silvério de Oliveira

Todos os direitos desta edição
reservados à
CONHECIMENTO EDITORIAL LTDA.
Rua Prof. Paulo Chaves, 276 - Vila Teixeira Marques
CEP 13480-970 – Limeira – SP
Fone/Fax: 19 3451-5440
www.edconhecimento.com.br
vendas@edconhecimento.com.br

Nos termos da lei que resguarda os direitos autorais, é proibida a reprodução total ou parcial, de qualquer forma ou por qualquer meio – eletrônico ou mecânico, inclusive por processos xerográficos, de fotocópia e de gravação –, sem permissão, por escrito, do Editor.

Revisão:
Projeto Gráfico: Sérgio Carvalho
Ilustração da Capa: Banco de Imagens

ISBN 978-85-7618-270-2 – 1ª Edição - 2012

• Impresso no Brasil • Presita en Brazilo

Produzido no departamento gráfico da
CONHECIMENTO EDITORIAL LTDA
Fone: 19 3451-5440
e-mail: conhecimento@edconhecimento.com.br

Dados Internacionais de Catalogação na Publicação (CIP)
(Câmara Brasileira do Livro, SP, Brasil)

Oliveira, Nelci Silvério de
   O Evangelho de Tomé - um caminho para Deus / Nelci Silvério de Oliveira. — Limeira, SP : Editora do Conhecimento, 2012.

   ISBN 978-85-7618-270-2

   1. Evangelhos apócrifos - Comentários 2. Evngelho de Tomé I. Título.

12-04561   CDD – 229.807

Índices para catálogo sistemático:
   1. Evangelho de Maria : Comentários 229.807
   2. Evangelho de Tomé : Comentários 229.807

Nelci Silvério de Oliveira

O Evangelho de Tomé
Um caminho para Deus

1ª edição
2012

EDITORA DO
CONHECIMENTO

Prefácio

O objetivo primordial de nossa estada neste Planeta é a busca de verticalidade. Ao mundo viemos e aqui estamos, a fim de que possamos criar condições necessárias e adequadas para que cada um de nós consiga desenvolver, em si mesmo, uma certa nostalgia das origens, a sede do universal, a saudade do Infinito... Todos nós temos, dentro de nós mesmos, como sempre tivemos, esse sagrado teotropismo, que nos impele irresistivelmente à procura de Deus, assim como o girassol, heliotrópico pela sua própria natureza, sempre volta a sua face aos beijos do astro-rei. Porém, ao contrário dessa flor, cujo heliotropismo é automático, o teotropismo do homem é apenas potencial, vive nele de forma latente, cabendo, por isso mesmo, ao próprio homem despertá-lo e desenvolvê-lo e, na maioria dos casos, através de um esforço gigantesco, em termos de renúncia e desapego. Deus é eterna e objetivamente presente dentro do homem, mas o homem quase sempre está subjetivamente ausente de Deus. Daí, a grande e irrecusável tarefa do ser humano no mundo, no sentido de conscientizar-se dessa presença divina dentro de si mesmo. Trata-se de um esforço inteiramente individual, cuja realização se consegue pela autoiniciação.

A autoiniciação, no entanto, pressupõe uma catarse, uma purificação, uma limpeza, um saneamento moral muito difícil. Há que se ter um método, um roteiro seguro e confiável, a ser fielmente seguido. Para nós, ocidentais, como temos dito em livros anteriores, o melhor e o mais satisfatório roteiro, sem dúvida, é o Sermão da Montanha, segundo Mateus, capítulos quinto, sexto e sétimo.

Por isso, é bom relembrarmos a essência do grande sermão do Cristo, em Jesus, que resumimos em vinte pontos.

Ao homem é necessário, portanto:
- Desapegar-se não só dos bens materiais como também dos prazeres típicos do ego;
- Desenvolver, a partir do coração, a humildade, a mansidão e a misericórdia;
- Cultuar a paz e pacificar-se a si mesmo;
- Sentir-se feliz quando injuriado, caluniado ou perseguido;
- Manter a alegria, mesmo no sofrimento ou na tribulação;
- Tornar-se um fator de preservação moral e uma fonte borbulhante de gozo espiritual, em todas as circunstâncias;
- Lucificar-se e irradiar a Luz Divina em benefício de tudo e de todos, desinteressadamente. Jamais esquecer essa luz, mesmo estando rodeado de trevas;
- Manter-se puro, ainda que no meio de todas as impurezas;
- Dizer somente a verdade, sejam quais forem as consequências;
- Amar incondicionalmente, inclusive os inimigos, bendizendo-os e orando por eles;
- Dar a outra face se necessário for;
- Ir no encalço da perfeição, mesmo nas condições mais desfavoráveis;
- Orar sempre, seja no prazer, seja na dor;
- Confiar somente no Infinito, mas sem desprezar qualquer finito;
- Buscar, em primeiro lugar, o Reino de Deus e sua harmonia, na esperança de que tudo o mais nos venha de acréscimo;
- Não julgar a ninguém, em qualquer hipótese;
- Fazer aos outros somente aquilo que gostaríamos que eles nos fizessem;
- Cultivar a ingenuidade da pomba e, ao mesmo tempo, a sagacidade da serpente;
- Ler sempre o Grande Sermão, meditando, introjetando e pondo em prática integralmente a sua mensagem; e em conclu-

são, ser inteiramente fiel à própria consciência, realizando, em si mesmo, o Espírito do Cristo.

Em termos genéricos, pelo visto, o que justifica o presente livro é a necessidade que o ser humano tem de ir no encalço do autoconhecimento, da autolibertação e da autorrealização de si mesmo. Especificamente, no entanto, pretendemos, ao abordar o *Evangelho de Tomé*, realizar, ainda, dois objetivos básicos, a saber:

1º) – Completar e complementar o conhecimento que adquirimos nos livros anteriores, quais sejam: *O Sermão da Montanha*, *As Parábolas de Jesus* e *O Cristo em Jesus – Ensinamentos Essenciais*; e

2º) – Mergulhar tanto quanto possível neste *Evangelho de Tomé*, a fim de recebermos as experiências e os eflúvios benéficos de sua alma iluminada, para que possamos beber o saudável néctar de vibrações superiores, que jorram ou derramam das páginas inspiradas deste precioso e quase desconhecido testamento.

Nós, por certo, conseguiremos atingir nossos propósitos, com a inspiração do Cristo!...

Introdução

Quem foi Tomé?

Bem pouco se sabe sobre Tomé. Sua biografia nem pode ser escrita, em razão da ausência quase total de dados disponíveis. Os *Evangelhos Canônicos* praticamente o ignoram, a não ser devido à sua incredulidade que, segundo João, Tomé havia manifestado ao ser informado pelos outros apóstolos de que o Mestre tinha ressuscitado. João relata o episódio nos seguintes termos:

> Ora, um dos doze, chamado o Gêmeo, não estava com eles quando veio Jesus. Disseram-lhe, pois, os outros discípulos: "Vimos o Senhor". Ele, porém, lhes respondeu: "Se não vir nas mãos a marca dos cravos, se não meter o dedo no lugar dos cravos, e não lhe introduzir as mãos no lado, não acreditarei!
> Passados oito dias, achavam-se os discípulos outra vez portas adentro, e Tomé com eles. Entrou Jesus, de portas fechadas, colocou-se no meio deles e disse: "A paz seja convosco". Depois disse a Tomé: "Chega aqui teu dedo e vê minhas mãos, vem com tua mão e mete-a em meu lado; e não sejas descrente, mas crente."
> "Meu Senhor e meu Deus – disse-lhe Tomé."
> Disse-lhe Jesus: "Tens fé, porque me viste; bem-aventurados os que não viram e contudo tem fé."

Quem foi Tomé?

Não há nenhuma dúvida de que Tomé seja um dos doze apóstolos. Seu nome figura no segundo grupo daqueles três grupos de quatro, conforme os Evangelhos (Mt 10, 2-4; Mc 3,16-19; Lc 6, 14-16; e At 1,13). Vejamos o texto de Marcos:

> Os doze, que designou, são os seguintes: Simão, a quem pôs o sobrenome de Pedro; Tiago, filho de Zebedeu e João, irmão de Tiago, aos quais deu o nome de Boanerges, o que significa: filhos do trovão; e André; mais: Filipe, Bartolomeu, Mateus, Tomé; Tiago, filho de Alfeu; Tadeu, Simão, o Zelador; e Judas Iscariotes, que o traiu.

Referências pessoais quanto a Tomé, entretanto, só aparecem no Evangelho de João, *primeiro*, quando, ao deixar a Galileia em busca da Judeia, em Betânia, para a ressurreição de Lázaro, Tomé afirma estar pronto para morrer nas mãos dos judeus (Jo 11,16); *segundo*, quando Jesus anuncia sua partida iminente para outras dimensões, Tomé se reconhece incapaz de saber qual seria o destino do Mestre (Jo 14,5); e *terceiro*, como já vimos, quando Tomé demonstra sua incredulidade acerca da ressurreição de Jesus (Jo 20, 24-29).

Quem foi Tomé?

A palavra Tomé, *Thomas*, em aramaico, *didymos*, em grego, quer dizer *gêmeo*. Não é, portanto, *nome próprio*. Seu nome verdadeiro era *Judas*, Judas, o "gêmeo", para diferenciá-lo de outro apóstolo que tinha o mesmo nome, o Judas Iscariotes.

Parece que após a ascensão de Jesus, Tomé foi pregar seu Evangelho no extremo Oriente. De acordo com a tradição, seu túmulo está localizado na cidade de Madras, no sul da Índia.

O Evangelho de Tomé

Aproximadamente em dezembro de 1945, em Nag Hammadi, norte do Egito, a uma distância de 100 quilômetros do grande Templo sagrado de Lúxor, alguns *fellahs,* quer dizer, *campesinos* ou *agricultores*, entre as quais Muhammad Ali, estavam cavando a terra em uma das margens do rio Nilo, à procura de *sabaque*, um fertilizante ou adubo natural, muito comum naquela região, quando em dado momento, depararam-se com um jarro ou pote de barro, devidamente fechado. Muhammad quebra o recipiente com uma picareta, na esperança de que o pote guardasse um rico tesouro. Ele pensava em ouro, certamente.

Era realmente um tesouro que estava ali, porém, tesouro arqueológico. Treze livros de papiro, manuscritos redigidos ou copiados entre os séculos II a IV de nossa era, em vários dialetos da língua copta, ou seja, variações do idioma grego falado no Egito daquele tempo.

Parte desse precioso material, cerca de 1.300 páginas de papiro, foi para o Museu Copta do Cairo, graças, sobretudo, aos ingentes esforços de seu diligente diretor, o senhor Togo Mina.

Atualmente, são 12 volumes encadernados em couro, por sinal, as mais antigas encadernações que se conhecem em todo o mundo.

Durante onze anos permaneceram guardados sem despertar a atenção e o interesse dos estudiosos. Mas, a partir de 1956, o interesse do mundo, finalmente, se despertou para o exame e o estudo desses antigos documentos. Especialistas de diversas áreas, como orientalistas, egiptólogos, filólogos, filósofos e teólogos, entre outros, passaram a se debruçar sobre as traduções que, desde então, foram surgindo. Apareceram, assim, os primeiros comentários.

De todos os textos encontrados, traduzidos e investigados, disponíveis em museus e bibliotecas do Egito, Inglaterra, Estados Unidos, França e Alemanha, principalmente, o que mais chama a atenção, o que mais se impõe, tendo em vista a organização, o método, a coerência e a profundidade, é, sem nenhuma dúvida, o Evangelho de Tomé.

Em nosso tempo carregado de incertezas e angústias, porém marcado por uma ânsia incontida de experiência e de realização espiritual, a recente descoberta desse Evangelho é, mais do que nunca, grata, oportuna e sumamente importante.

As nossas teologias cristãs e não-crísticas ainda hoje nos propõem uma redenção que vem de fora, seja por meio de ritos sagrados ou fórmulas mágicas, seja através da efusão de sangue de um homem inocente. Essas espécies de falsa redenção são típicas do paganismo e do judaísmo e foram enxertadas no cristianismo por Paulo de Tarso, Agostinho e, principalmente, Tomás de Aquino.

Ocorre, porém, que os Evangelhos, sobretudo o de Tomé, só conhecem a redenção que vem de dentro do homem, a redenção por intermédio do Cristo Interno, que é o caminho, a verdade e a vida. Ninguém pode ir ao encontro do Pai Celeste a não ser por meio do Cristo.

As igrejas cristãs, infelizmente, do Cristo só têm o nome, pois ignoram que a redenção do ser humano, isto é, o autoconhecimento, a autolibertação e a autorrealização de si mesmo, somente são possíveis pela Mística do amor incondicional ao Pai e pela Ética do amor ao próximo, sem esperar nenhuma retribuição ou recompensa, vale dizer, pelo conhecimento e fidelidade à Paternidade Única de Deus, que se derrama lógica, natural e espontaneamente na fraternidade cósmica de todas as criaturas.

Por essas e outras razões, não há no Evangelho de Tomé, como vamos ver, nenhum indício de uma hierarquia eclesiástica, de uma hegemonia clerical. Não existe qualquer partido religioso preponderante ou que vise a manter o monopólio da verdade libertadora, que queira ser depositário exclusivo dos segredos e mistérios da salvação. Pelo contrário, a mensagem axial do Evangelho de Tomé nos diz que todos somos igualmente filhos de Deus e que, nessa qualidade, nem sequer precisamos de algum intermediário para retornarmos ao seio do Pai Celeste, a não ser, é claro, do Cristo Interno, ou seja, do Cristo Cósmico dentro de cada um de nós. Não há também nenhuma primazia do apóstolo Pedro, como nos mostra, por exemplo, o *logion* de número 114. Não consta nenhum poder conferido por Jesus aos apóstolos, no sentido de perdoar pecados alheios, pecados de outrem, como também não há nenhum dogma da transubstanciação.

Assim, o *Evangelho de Tomé* só trata do autoconhecimento do homem, visando à autolibertação e a autorrealização de si mesmo. A realização prática desse ideal superior consiste em se cumprir integralmente a Mística do primeiro mandamento, bem como a sua consequência imediata e necessária, que é a Ética do segundo mandamento!...

A estrutura formal do Evangelho de Tomé, como veremos, é constituída de 114 *logia*, textos, ditos ou sentenças. Algumas dessas sentenças se nos apresentam como sendo inteiramente herméticas, fechadas ou indevassáveis, muito misteriosas, principalmente as de número 7, 11, 15, 19, 29, 37, 108 e 114, ensejando, por isso mesmo, interpretações diversas, algumas, até mesmo, extravagantes!...

Uma das questões mais delicadas é certamente a da tradução. Seguiremos aqui a tradução de Huberto ROHDEN (*O Quinto Evangelho*. 2. Ed. S. Paulo: Alvorada), a que consideramos a mais confiável.

Logion 1) Quem descobrir o sentido destas palavras, não provará a morte.

Esta é uma frase típica de Tomé, que só podemos ver em seu Evangelho, não havendo nenhum paralelo com os evangelistas canônicos, a não ser, excepcionalmente, em *João* (8,51), o mais místico deles: "Em verdade, em verdade, vos digo: se alguém guardar minha palavra, jamais verá a morte."

Em épocas muito remotas, pelo menos 3.000 anos antes de nossa era, Krishna, grande profeta e homem cristificado por excelência, já havia chegado à mesmíssima conclusão. Afirma ele, no *Bhagavad Gita* (18, 71): "Aquele que põe a sua confiança nesta doutrina e a aceita com fé, aquele que possui sabedoria de lhe penetrar o sentido profundo e por ele orientar a sua vida – esse, após a morte, entrará na mais alta beatitude."

"Quem descobrir o sentido destas palavras, não provará a morte." De início, já se percebe aqui o caráter místico do *Evangelho de Tomé*.

"Não provará a morte." Mas, que morte?

A palavra "morte" pode ser tomada, pelo menos em dois sentidos: físico e metafísico. Tomé a emprega, evidentemente, em sentido metafísico. Neste sentido, estar morto é estar subjetivamente ausente de Deus, significa manter uma ilusão separatista em relação ao Pai Celeste. Estar morto é ignorar a presença divina dentro de si mesmo, é permanecer na horizontalidade quantitativa do ego, é ser escravo da mente, é não ascender a verticalidade crística do Eu, por meio da metanoia ou transmentalização. Estar morto é permanecer na noosfera em vez de ingressar na Logosfera!...

Todos os livros sacros da humanidade abordam a questão da morte metafísica. Moisés, no Gênesis (2,7), nos dá notícia de uma advertência que o Cristo faz a Adão, nos seguintes termos: "Mas, da árvore do conhecimento do bem e do mal não comerás, porque no dia em que dela comeres, terás que morrer." Ora, Adão comeu dessa árvore e ainda viveu por muitos séculos, claro sinal de que o Gênesis não se referia ao fenômeno da morte biológica, da morte física, porém, da *morte metafísica* de Adão. Em se tratando do *Novo Testamento*, *Lucas* (15,32), ao formalizar a parábola do *Filho Pródigo,* mostra-nos que o pai, querendo justificar, perante o filho mais velho, a grande festa, que estava oferecendo ao filho mais novo, ao filho sem juízo e esbanjador, diz-lhe textualmente: "mas não podíamos deixar de celebrar um festim e alegrar-nos; porque teu irmão estava morto

O Evangelho de Tomé – um caminho para Deus

e tornou a viver." Morte metafísica, sem nenhuma dúvida! E, para finalizar, temos ainda o testemunho de Mateus (8, 21-22) naquele episódio em que um dos candidatos ao discipulado do Cristo, pede a Jesus: "Senhor, permite-me ir primeiro enterrar meu pai", ao que o Mestre, severamente, respondeu: "Segue-me e deixa que os mortos enterrem seus mortos".

Ao contrário da morte metafísica, a morte física do homem não é nenhum problema, é solução, pois é fator de evolução, é condição para uma vida muito mais rica, mais perfeita e mais abundante.

Logion 2) Quem procura, não cesse de procurar até achar; e, quando achar, será estupefato; e quando estupefato, ficará maravilhado – e então terá domínio sobre o Universo.

Quem procura, acha. É o que dizem os livros sagrados. Basta conferir, por exemplo, Mateus (7, 7-11) e Lucas (11, 9-13). Porém, existem muitas e imensas dificuldades. A busca não é nada fácil e exige obstinada perseverança e incansável continuidade, envolvendo diversas etapas a serem paulatinamente vencidas. *É procurar, encontrar, perturbar-se, admirar-se e encantar-se.*

"Quem procura, não cesse de procurar até achar..." Procurar até achar... Mas, o quê? Ora, o reino de Deus dentro de si mesmo!

A vida do ser humano é semelhante a uma roda girante. Na periferia da roda está todo o movimento, mas a força que o produz reside no eixo central, onde reina o mais completo repouso. *Quanto maior o movimento menor é a força, quanto maior é a força menor é o movimento.* Assim também se dá com o homem. Na periferia física, emocional e mental do seu ego, há muito movimento, agitação, impermanência, transitoriedade, decomposição, trevas e morte, porém, no centro de sua vida, no seu Eu, imobilidade, repouso, eternidade, força, luz e vida.

Quando alguém procura e, finalmente, acha o Emanuel, o Deus dentro de nós, fica assombrado e perplexo, depois maravilhado e boquiaberto e, então, terá perfeito domínio sobre todo o Universo.

Sócrates é um exemplo. Dizia ele, em espírito e verdade: O homem que se conhece a si mesmo conhece o Universo. Tem toda a razão.

Logion 3) Jesus disse: Se vossos guias vos disserem: o Reino está no céu, então as aves vos precederam; o Reino está no mar, então os peixes vos precederam. Mas, o Reino está dentro de vós, e também fora de vós. Se vos conhecerdes, sereis conhecidos e sabereis que sois filhos do Pai Vivo. Mas, se não vos conhecerdes, vivereis em pobreza, e vós mesmos sereis essa pobreza.

O reino de Deus é invisível, mas atua no mundo da visibilidade; é infinito, mas é a essência de todos os finitos; é pura qualidade, mas anima todas as quantidades. Ainda não percebemos tudo isso, porque nos deixamos hipnotizar pelos efeitos e não conseguimos ver a Causa Única Incausada e Causante de todos eles.

O homem veio ao mundo para o autoconhecimento, a autolibertação e a autorrealização de si mesmo. Como afirma Jean-Yves LELOUP (*O Evangelho de Tomé*. Trad. Petrópolis: Vozes, p. 54):

> Conhecer-se, conhecer que se é conhecido, é também se descobrir gerado, filho do Vivente, chama do Fogo, filho do Vento. Não se conhecer é passar ao lado de si mesmo, é fracassar e permanecer na ilusão, é ser bafo, um sopro que se apaga, é ser ilusão.

Autoconhecer-se é despertar o reino de Deus dentro de si, é acender a Luz divina e pôr essa luz no alto do candelabro, para que possa ser irradiada, iluminando e beneficiando a todos. Esse despertar da consciência crística *dentro do homem*, pela mística divina, transborda naturalmente *para fora do homem*, pela Ética humana. Então, o reino de Deus, *que é de dentro*, torna-se também um reino de Deus *que é de fora*. A *Mística* se derrama em *Ética*, e o homem se transforma numa poderosa antena de captação do Infinito e de retransmissão desinteressada para todos os finitos.

O Evangelho de Tomé – um caminho para Deus

Logion 4) Jesus disse: O homem idoso perguntará, nos seus dias, a uma criança de sete dias pelo lugar da vida – e ele viverá. Porque muitos primeiros serão últimos, e serão unificados.

Uma criança de *sete dias* acaba de chegar à vida individual, ela que vem da *vida universal*, ao passo que o homem idoso já está encerrando sua jornada individual, para regressar à vida universal. Ambos, porém, a criança e o velho, trazem dentro de si mesmos conhecimentos e experiências acumuladas durante incontáveis jornadas evolutivas. Como reconhece LELOUP (ob. cit, p. 55):

> Nós somos velhos – há quem afirme que temos vários bilhões de anos em nossas células; no nosso paleoencéfalo, conservamos a memória da humanidade. O Evangelho segundo Tomé lembra ao homem idoso que deve interrogar a criança; com efeito, o verdadeiro conhecimento não é acumulação de saberes, mas limpidez no olhar – inocência do coração.

De fato, conhecimentos acumulados não passam de quantidades finitas e, por isso mesmo, ainda que sejam somados e multiplicados, continuarão sempre finitos e, na melhor das hipóteses, terminam na sepultura. O verdadeiro saber, no entanto, aquele que o homem sabe porque saboreia, porque toma o sabor por si próprio, sem nenhum intermediário, é puríssima qualidade e é eterno, razão porque pode até mesmo ser contemplado nos olhos de uma criança de sete dias.

A vida eterna é una, é sem princípio e sem fim. Em seu reino qualitativo de eternidade, não há primeiros nem últimos. Os primeiros e os últimos, os últimos e os primeiros, só podem existir numa medida duracional de tempo, em dimensões espáciotemporais, como esta em que atualmente vivemos, em busca de tensões e tentações, isto é, de resistência na matéria, em busca de experiência evolutiva.

Sobre a questão da possibilidade dos primeiros serem últimos e os últimos serem primeiros, confiram Mateus 19,30; 20,16; Marcos 10,31 e Lucas 13,20.

De qualquer modo, é bom frisar que a necessidade do homem se encarnar no corpo físico não tem nenhum caráter punitivo, mas, fundamentalmente, evolutivo. Nem mesmo aquelas reencarnações reparadoras ou expiatórias desmentem o que acabamos de dizer. O fato é que estamos no mundo para evoluirmos espiritualmente, seja pelo amor ou seja pela dor. A evolução pelo amor é um bem e é o ideal; porém, se, temporariamente, não for possível, então aparece a dor, como mal necessário!...

Logion 5) Disse Jesus: Conhece o que está ante teus olhos – e o que te é oculto te será revelado; porque nada é oculto que não seja manifestado.

Os Evangelhos sinóticos, cada um a seu modo, abordaram também a presente questão (Mt 10,26; Mc 4,22 e Lc 8, 17. 12,2). Trata-se do conhecer. Que é conhecer?

O homem profano, ainda que seja um cientista, um filósofo ou um teólogo, mesmo vendo aquilo que se acha ante os seus olhos, em sua frente, ele não o conhece.

Suponhamos, por exemplo que um botânico encontre uma árvore desconhecida. Usando sua inteligência analítica, por meio de estudos e observações, ele descobre as relações que há entre essa árvore e um conjunto maior, o gênero, ao qual a referida árvore pertence. Então, ao encontrar a família botânica da qual aquela árvore faz parte, ele afirma que, finalmente, a conhece. Esse tipo de conhecimento, no entanto, conhecimento intelectivo-científico, é inteiramente relativo e, por isso mesmo, não pode nos revelar o que é oculto. Se o cientista pudesse descobrir o todo último a que pertencem não somente a árvore, mas também o próprio gênero da árvore, se ele pudesse entrar em contato com a Causa Única e Essencial de todos os efeitos múltiplos e existenciais, teria, então, um conhecimento absoluto e perfeito da árvore, capaz de lhe mostrar o que é oculto, até mesmo o autor da árvore. Conhecer uma árvore em sua aparência visível, bem como em seus elementos químicos, como, ferro, cálcio, fosfato, iodo, hidrogênio, oxigênio e azoto, é uma grande ilusão, pois a árvore é, antes de tudo, um ser vivo, e a vida da árvore não é nenhum dos 92 elementos da química, nem mesmo a soma total de todos eles. Tudo isso é quantidade, enquanto a vida é pura qualidade. O todo não é a soma quantitativa de suas partes constitutivas fundamentais, o todo – repetimos – é puríssima qualidade, não é quantidade.

Por tudo isso, é preciso dizer que o conhecimento verdadeiro, apto a revelar o que é oculto, não é possível nem pela via dos sentidos nem pelos caminhos da inteligência analítica. Somente a introvisão qualitativa e crística do Eu, própria dos iniciados, desenvolvida através da metanoia ou transmentalização, é que lhe dá acesso.

Conhecer é ser. Somente os homens cristificados podem conhecer a Verdade Libertadora!...

Logion 6) Perguntaram os discípulos a Jesus: Queres que jejuemos? Como devemos orar? Como dar esmola? E quais os alimentos que devemos tomar? Respondeu Jesus: Não mintais a vós mesmos, e não façais o que é odioso! Porquanto todas estas coisas são manifestas diante do céu. Não há nada oculto que não seja manifestado, e não há nada velado que, por fim, não seja revelado.

Jejum, oração e esmola. Além do sacrifício de animais, o jejum, a oração e a esmola eram os três elementos fundamentais do culto judaico (Cf. Mt 6, 2.7.16; Lc 6,31).

A pergunta que os discípulos fazem a Jesus é como proceder corretamente nessas questões, ou seja, é como fazer. Querem saber também o que poderiam comer.

Eles querem saber o como, mas o Mestre lhes fala do porquê e do para quê, isto é, da justificação e da finalidade de todas essas possíveis ações.

Tudo quanto fazemos ou deixamos de fazer, jejuar, orar, dar esmola, comer ou qualquer outra coisa, terá algum valor ou não, dependendo unicamente da nossa atitude interna. O que vale, o que realmente importa é o ser, não é o fazer. O fazer não passa de uma simples consequência. O agir segue o ser, não o contrário. Se conseguirmos retificar o ser, tornando-o melhor do que já era, retificado estará automaticamente todo o nosso agir, todo o nosso fazer.

Os livros mais sagrados da humanidade são unânimes e incisivos a esse respeito. É o caso, por exemplo, do *Tao Te King*, de Lao-Tse, principalmente em seu capítulo 26. Também não é por acaso que Confucio, certa vez, disse: "Se você agir sempre com dignidade, pode até não modificar o mundo, mas de uma coisa pode estar certo: haverá na terra um canalha a menos." Ora, só um homem verdadeiramente digno pode agir sempre com dignidade.

Quanto à oração, especificamente, sabemos que Jesus orava constantemente em templos e sinagogas, bem como, espontaneamente, na solidão dos campos, dos montes e dos desertos. Afinal, todo e qualquer lugar é um altar adequado para se adorar a Deus, pois Deus deve ser adorado em Espírito e Verdade, e isto só depende da atitude interna e da vibração de quem adora, e não de um lugar determinado.

É justamente por isso que o *Pai Nosso*, a oração que o Senhor nos ensinou, não é uma simples recitação verbal, porém, é uma síntese da biografia espiritual de Jesus, consequência de sua vida vivida na intimidade do Absoluto.

"Não mintais a vós mesmos..." Nenhuma mentira pode ser mantida indefinidamente. Tudo o que pensamos, dizemos, fazemos ou deixamos de fazer é vibração, que se escreve e se registra no eterno livro da vida, vai para os arquivos eternos da Luz. Daí, porque não há nada oculto que não seja manifestado, não há nada escondido que não venha a ser revelado.

"Conhecereis a verdade e a verdade vos libertará." (Jo 8,32). E que seja logo; quanto antes, melhor!...

Logion 7) Bendito o leão comido pelo homem, porque o leão se torna homem! Maldito o homem comido pelo leão, porque esse homem se torna leão!

Eis uma afirmação exclusiva de Tomé. Nada há de semelhante nos Evangelhos Canônicos. Algo similar só pode ser encontrado na filosofia aristocrática do Oriente, segundo a qual o homem deve comer o mundo, isto é, precisa aproveitar as tensões e tentações, as resistências que o mundo lhe oferece, a fim de que se fortaleça no autoconhecimento e possa evoluir espiritualmente. Mas, se o homem se deixa comer pelo mundo, ou cai nas tentações, então se fragiliza, anda em círculos e fica estagnado em sua jornada evolutiva.

"Bendito o leão comido pelo homem..."

O leão é o ego humano, ego físico, emocional e mental, ao passo que o homem é o Eu espiritual, o Cristo Interno, o Deus em nós. Ora, o objetivo máximo do Eu espiritual, ao encarnar-se num ego humano, é assimilá-lo, é integrá-lo numa unidade indissolúvel, para toda a eternidade. Ocorre, porém, que, na maioria das vezes, o ego se opõe a essa integração, transformando-se, então, em inimigo do homem, inimigo do Eu. Torna-se adversário do Cristo (*satan*, em hebraico; *diabolos*, em grego).

"Vade retro, satan" – coloca-te na retaguarda, opositor (Mt 16, 23) – diz-nos o Mestre, porque a função do ego consiste justamente em servir ao Cristo, ao Cristo, que está em cada um e em todos os homens.

Bendito o ego que serve ao Eu, maldito o Eu que serve ao ego. Servir ao Eu é libertar-se; servir ao ego é escravizar-se. *Krishna* (BhG 6,5) já declarava taxativa e expressamente, em priscas eras: "Todo homem deve erguer-se pela força do seu próprio Eu divino, e não decair jamais desse estado. O Eu divino é o melhor amigo do ego, mas o ego é o seu pior inimigo."

Para que o homem não seja devorado pelo leão, para que se dê exatamente o contrário, é preciso que o homem se torne tão forte que nenhum leão, ou seja, nenhuma dúvida ou incerteza, nenhuma tentação de qualquer natureza possa derrotá-lo. Para tanto, necessário se faz que o homem, *por dentro*, seja *solitário com Deus*, porque somente assim é que ele poderá, *por fora*, ser solidário com todas as criaturas de Deus, sem correr algum risco ou perigo de ser devorado pelo mundo!...

Logion 8) Ele disse: O homem se parece com um pescador ajuizado, que lançou sua rede ao mar. Puxou para fora a rede cheia de peixes pequenos. Mas entre os pequenos o pescador sensato encontrou um peixe bom e grande. Sem hesitação, escolheu o peixe grande e devolveu ao mar todos os pequenos. Quem tem ouvidos para ouvir, ouça!

Este *logion* corresponde às parábolas do tesouro oculto, da pérola preciosa e da rede e seu conteúdo, as três do Evangelho de Mateus 13, 44. 45-46. 47-51, respectivamente.

O homem comum e ainda profano encanta-se com miríades de pequenas coisas quantitativas do mundo e que, do ponto de visto crístico do Eu, não tem a mínima importância. Seus olhos se voltam, quase sempre, para as coisas materiais, para os prazeres físicos dos sentidos, para as loucas emoções do coração e para os famigerados delírios da mente. Tudo isso é libertinagem, é mau uso da liberdade, é abuso e, por isso mesmo, incompatível com a sua evolução espiritual, que é o grande tesouro, a grande pérola, o grande peixe, a própria finalidade de sua vida.

O homem cósmico, entretanto, o homem sábio, embora use naturalmente essas pequenas coisas da existência, quando lhe vêm às mãos, jamais abusa, quando delas se utiliza. Ele já conseguiu desenvolver e atualizar, em si mesmo, um certo dom espiritual, que lhe permite devolver ao mundo o que é do mundo e dar a Deus o que é de Deus, que lhe permite contemplar sem paixão e amar sem apego.

Ele ama qualquer finito, mas somente por causa do Infinito objetivamente presente em todos os finitos. Assim, uma vez contemplados com o olho do Cristo, todos esses finitos existenciais tornam-se elos de uma cadeia, capaz de conduzi-lo ao Infinito, pois, iluminados pela Essência Universal, agora palpitam de eternidade!...

Logion 9) Disse Jesus: Saiu o semeador. Encheu a mão e lançou a semente. Alguns grãos caíram no caminho; vieram as aves e os cataram. Outros caíram sobre os rochedos; não deitaram raízes para dentro da terra nem mandaram brotos para o céu. Outros ainda caíram entre espinhos, que sufocaram a semente e o verme a comeu. Outra parte caiu em terra boa, e produziu fruto bom rumo ao céu; produziu sessenta por uma, e cento e vinte por uma.

Esta é a popularíssima parábola do semeador, igualmente abordada, com algumas divergências de somenos importância,

pelos evangelistas Mateus (17,3-25) Marcos (4,1-9. 13,20) e Lucas (8,15-18).
Ela celebra a primazia do livre arbítrio, é uma apoteose à liberdade humana.

O semeador é o Cristo, a semente é a palavra de Deus e o campo ou terreno é o ego humano, que, no que tange à produtividade, pode ser mau, bom ou ótimo.

Conforme a parábola, o semeador semeia sua semente nas almas, no campo do livre arbítrio humano, e nesse âmbito impera um indevassável mistério, de maneira que nenhum resultado pode ser previsto. Assim, ainda que a semente seja ótima e o semeador seja excelente e, até mesmo, perfeito, nenhuma colheita pode ser previamente garantida, pois ela depende inteiramente do uso, do mau uso ou do abuso que cada criatura fizer de sua própria liberdade.

A parábola do semeador é um convite para que o homem possa semear *a verdade e o bem*, seja qual for o resultado, independentemente da colheita. Ela nos faz acreditar que somente o trabalho é nosso, porque os resultados dependem de fatores que não dependem de nossa vontade. O ser humano precisa ser incondicionalmente bom, sem esperar nenhuma recompensa ou retribuição pela sua bondade!...

Logion 10) Disse Jesus: Eu lancei fogo sobre a terra – e eis que o vigio até que arda.

Esta sentença de Tomé praticamente repete Lucas em 12, 49, com uma pequena diferença: Enquanto no Evangelho de Lucas, o Cristo em Jesus deseja ver o fogo deflagar-se em chama viva o quanto antes, em Tomé ele afirma manter uma paciente vigília, até que o fogo divino, finalmente, possa arder.

O fogo é chama, o fogo é luz. Como chama, o fogo devora e purifica; como luz, constrói e ilumina. Enquanto chama, o fogo destrói as ilusões que o ego humano, sensorial e intelectivo, ainda mantém em relação a Deus, ao mundo, aos irmãos e a si mesmo. Purifica-o de suas escórias existenciais involutivas, limpa-o de seu carma negativo. Enquanto luz, o fogo unge ou permeia o homem no seu todo, lucificando-o e imortalizando-o para a vida eterna.

O fogo é calor, o fogo é sabedoria. Como calor, o fogo é energia; como sabedoria, é compreensão espiritual.

O fogo é a eterna presença de Deus no homem, mas é presença latente, potencial ou dormente, cuja atualização em chama viva é muito difícil, porque depende inteiramente do autoconhecimento que, por sua vez, depende do livre arbítrio de cada um. Esse flamejar do fogo potencial em fogo atualizado é, quase sempre, dificultado por circunstâncias e fatores externos extremamente desfavoráveis, porém a substância qualitativa e interna haverá de prevalecer, mais cedo ou mais tarde, porque é presença, ao passo que as dificuldades, quaisquer que sejam, não passam de ausência. Ora, a presença é eterna, enquanto a ausência é temporária.

É por isso que o Cristo Cósmico vigia a eclosão subjetiva da eterna presença objetiva de Deus em nós, a eclosão consciente do nosso Cristo Interno.

Logion 11) Disse Jesus: Este céu passará, e passará também aquele que está por cima deste. Os mortos não vivem, e os vivos não morrerão. Quando comíeis o que era morto, vós o tornáveis vivo. Quando estiverdes na luz, que fareis? Quando éreis um, vos tornastes dois; mas, quando fordes dois, que fareis?

São palavras de imensa profundidade. O *céu físico*, recamado de estrelas, passará. A nossa própria galáxia vai desaparecer um dia, como se jamais tivesse existido. O *céu astral* também passará, a exemplo do *céu mental* e de todos os demais, céus que se baseiam na *matéria* ou na *energia*, pois todos eles são *compostos* e tudo o que é composto *se decompõe* inexoravelmente, mais cedo ou mais tarde, sem nenhuma exceção.

"Os mortos não vivem" porque, embora biológica ou fisicamente vivos, acham-se realmente mortos, pois ainda não integraram sua individualidade egoica na Essência da Vida Universal. Estão fisicamente vivos, porém, metafisicamente mortos. Vivos, realmente vivos, são somente os vivos que não morrem, porque já se imortalizaram, com a integração do seu ego, físico, emocional e mental, na dimensão qualitativa e crística do seu Eu.

O homem, que ainda não se imortalizou, come coisas mortas, alimentos perecíveis, vitalizando-os de certa forma. Como já foi dito, a filosofia oriental manda o homem comer o mundo. Acontece que, o homem comum ou profano não come, é comido pelo mundo e, por isso, se mundaniza, deixando-se escravizar pelas vibrações mais grosseiras e mais baixas, próprias da matéria.

O ser humano imortalizado, cristificado ou autoiluminado, no entanto, em planos mais elevados, não mais precisa, nem quer, comer coisas mortas, sejam elas materiais ou energéticas. Ele se nutre ou se alimenta apenas de luz incolor, invisível, indestrutível e imortal. Ele, que era lucigenito, é, agora, lucificado e lucífago!...

"Quando éreis um, vos tornastes dois, mas, quando fordes dois, que fareis?"

No princípio era o Uno, o Infinito. O Uno, porém, tornou-se verso, isto é, o Infinito manifestou-se em incontáveis finitos. O Um se transformou em dois, em muitos. Que fazer, então? Ora, voltar ao Uno, regressar à Unidade. Somos criaturas, cuja vocação, cuja natureza e cujo destino é fechar a imensa parábola de retorno à origem, ao Criador, ao Pai Celeste!...

Logion 12) Os discípulos perguntaram a Jesus: Sabemos que nos vais deixar. E quem será então o nosso chefe? Respondeu-lhes Jesus: No ponto onde estais, ireis ter com Tiago, que está a par das coisas do céu e da terra.

Tiago apóstolo, *Jacob*, em hebraico, é chamado de "o justo", nos outros Evangelhos.

Depois da ascensão de Jesus, ele se tornou o chefe espiritual da comunidade cristã de Jerusalém, onde foi, posteriormente, martirizado, no ano 62 de nossa era.

Por que os discípulos foram recomendados, pelo Mestre, aos cuidados de Tiago e não de Tomé, por exemplo, o mais místico de todos eles, conforme veremos no próximo *logion*, o de número 13? Ou de João, o discípulo amado, o segundo, na hierarquia, em termos de experiência espiritual? Ou ainda de Pedro, cuja primazia lhe foi atribuída por Mateus? Porque, segundo Jesus, no ponto em que eles estavam, em se tratando de evolução espiritual, necessitados ainda de um guia externo, precisavam mesmo era de um mestre versado nas coisas da terra, como, por exemplo, método e organização.

Logion 13) Disse Jesus a seus discípulos: Comparai-me e dizei-me com quem me pareço eu.
Respondeu Simão Pedro: Tu és semelhante a um anjo justo.
Disse Mateus: Tu és semelhante a um homem sábio e compreensivo.
Respondeu Tomé: Mestre, minha boca é incapaz de dizer a quem tu és semelhante.
Replicou-lhe Jesus: Eu não sou teu Mestre, porque tu bebeste da fonte borbulhante que te ofereci e nela te inebriaste.
Então levou Jesus Tomé à parte e afastou-se com ele; e falou com ele três palavras. E, quando Tomé voltou a ter com seus companheiros, estes lhe perguntaram: Que foi que Jesus te disse? Tomé lhes respondeu: Se eu vos dissesse uma só das palavras que ele me disse, vós havíeis de apedrejar-me – e das pedras romperia fogo para vos incendiar.

A questão, que aqui se apresenta, encontra-se também nos Evangelhos sinóticos (Mt 16, 13-20; Mc 8,27-29 e Lc 9, 18-21). Entretanto, a pergunta do Mestre e, principalmente, as respostas dos discípulos, diferem bastante no Evangelho de Tomé.

Aqui, por exemplo, Pedro não confessa o Cristo em Jesus e não tem qualquer primazia em relação aos outros apóstolos. Segundo ele, Jesus é um anjo justo. Cada um dos discípulos, que se manifestam, vê Jesus conforme o seu modo e a sua capacidade e não conforme o que Jesus verdadeiramente é. Assim, Pedro e Mateus falam da personalidade humana de Jesus, a mais evoluída que eles já viram. Tomé, no entanto, ao vislumbrar a presença do Cristo Cósmico, transformado no Cristo Interno na pessoa do Nazareno, não ousa dizer coisa alguma. Cala-se, porque sabe que o falar ou dizer é relativo, enquanto o Cristo é absoluto.

Tomé não pôde falar, porque bebera da taça borbulhante da suprema sabedoria, oferecida pelo próprio Cristo. Por isso, Jesus lhe disse que não era mais o seu Mestre. Somente o Cristo era o Mestre, Mestre de Jesus e Mestre de Tomé.
Jesus, então, levou Tomé à parte e lhe disse três palavras... Quais? Não sabemos! Ninguém sabe! Mas... eram certamente palavras candentes, palavras de fogo! Cada uma dessas palavras se fosse dita aos companheiros de apostolado, já seria suficiente para que eles o apedrejassem por blasfêmia! As três devem formar o mais sagrado trigrama, que cada um de nós deverá, ao seu modo e a seu tempo, descobrir e realizar na mais profunda profundeza de si mesmo...
Diz-nos Huberto ROHDEN (*O Quinto Evangelho*. 2. ed. São Paulo: Alvorada, p. 36) que os episódios narrados por Tomé, em sua maioria, devem ter ocorrido durante os *quarenta dias*, entre a ressurreição e ascensão de Jesus, quando ele dava as últimas instruções aos discípulos!...

Logion 14) Disse-lhes Jesus: Se jejuardes, cometereis pecado. Se orardes, sereis condenados. Se derdes esmolas, prejudicareis ao espírito. Quando fordes a um lugar onde vos receberem, comei o que vos puserem na mesa e curai os doentes que lá houver. Pois o que entra pela boca não torna o homem impuro, mas sim o que sai da boca, isto vos tornará impuro.

Outros evangelistas abordaram igualmente as questões que constam do presente *logion* (Cf. Mt 6, 2.7.16-17, 10, 11-14, 15, 10-20; Mc 7, 14-23; Lc 10, 8-11; Jo 3, 18).

Aqui, as três primeiras orações parecem dizer exatamente o contrário, justamente o oposto, do que dizem os Evangelhos Canônicos. Entretanto, são profundamente verdadeiras. Outros livros sacros não nos deixam qualquer dúvida a esse respeito. É o caso, por exemplo, do *Tao Te King*, capítulos *38 e 57*. O *Bhagavad Gita*, por sua vez, é mais incisivo ainda, em seu capítulo quinto.

Não basta fazer, é preciso ser. Tal o ser, tal será o fazer. Em princípio, fazer o bem é apenas melhor do que fazer o mal. Necessário, mas não suficiente. Excepcionalmente, pode até mesmo redundar em pecado! Quando? Quando se age, exclusivamente para atender conveniências do próprio ego. É que, neste caso, temos um falso-agir!

Afinal, fazer ou não fazer? Agir ou não agir? Ora, nem um nem outro, como nos mostra Huberto ROHDEN (*O Quinto Evangelho*. 2. ed. São Paulo: Alvorada, p. 37-38):

> De fato, jejuar, orar, dar esmola, pode ser pecado, quando esses atos são praticados meramente pelo ego externo, como Jesus faz ver repetidas vezes. A Filosofia Budista chega ao ponto de ver uma profunda e permanente tragicidade em toda e qualquer atividade humana, porque o nosso agir é, quase sempre, um ego-agir, um agir em nome e por amor ao nosso ego ilusório. Parece que nunca nenhum pensador ocidental desceu a esse último nadir de profundidade, de ver tragicidade e pecaminosidade em toda e qualquer atividade humana. Entretanto, o budismo tem razão, porque todo o agir do homem profano é um falso-agir, um agir, não somente através do ego, mas também em nome e por amor a esse ego, uma permanente egolatria, ou idolatria, que onera o homem de sempre novos débitos ou *karmas*.
> Em face dessa tragicidade do agir, que gera débito, muitos orientais preferem o não-agir ao agir. Somente os grandes Mestres da espiritualidade descobriram uma terceira atitude, equidistante do agir e do não-agir, que é o reto-agir, isto é, agir em nome e por amor ao nosso Eu divino, ao nosso Cristo Interno.
> As palavras de Jesus acima referidas condenam jejuar, orar, dar esmola, como falso-agir, agir em nome e por amor ao ego; mas não condenam o reto-agir, agir por amor ao Eu divino, da autorrealização.
> Mas, para que o homem possa reto-agir, agir por amor ao seu Eu divino, embora através do seu ego humano, deve reconhecer esse seu Eu divino. De maneira que, reto-agir supõe como premissa autoconhecimento.

Na segunda parte deste *logion*, o Mestre nos diz, como já vimos nos Evangelhos Canônicos, que não há alimentos espiritualmente impuros. Circunstâncias e acontecimentos, que vêm de fora do homem, de qualquer natureza, como os alimentos, não lhe podem dar pureza nem impureza, pois são sempre neutros e incolores. É no âmbito interno do ego e não no campo exterior do fazer ou do agir, que residem toda a pureza e toda a impureza, moral e espiritual. É a atitude interna que decide. Tudo o mais não passa de objetos, que só podem entrar em ação sob a inspiração e a vibração de desejos, sentimentos e pensamentos do ser humano!...

Logion 15) Se virdes alguém que não seja filho de mulher, prostrai-vos de rosto em terra e adorai-o – ele é vosso Pai.

Os Evangelhos Canônicos (Mt 11, 11; Lc 7, 28) declaram que João, o Batista, é o maior dentre os filhos de mulher, mas que o Filho do Homem é maior do que ele. No Evangelho de Tomé, como ainda veremos, tal afirmação está contida no *logion* 46.

Jesus é o Filho do Homem por excelência, reconhecido como tal 82 vezes nos quatro Evangelhos.

Que é, afinal, o Filho do Homem?

Filho do Homem é todo aquele que se cristificou, que integrou sua personalidade humana individual, seu ego físico, emocional e mental, na universalidade crística do seu Eu. É o homem redimido, o eleito, o vivo.

Por isso, ele é nosso Pai, digno de toda a reverência, de todo o amor incondicional. Yves RAGUIN (*A Dimensão Espiritual*. Trad. São Paulo: Paulinas, p. 136) assevera: "Todo homem que busca a Deus é meu mestre e meu Guia." Que dizer, então, de quem já o encontrou? Ora, é este o caso!...

Logion 16) Talvez os homens pensem que eu vim para trazer paz à terra, e não sabem que eu vim para trazer discórdias à terra, fogo, espada e guerra. Haverá cinco numa casa, três contra dois, dois contra três, pai contra filho, e filho contra pai. E serão solitários.

A mensagem deste *logion* de Tomé é praticamente a mesma de Mateus (10, 34-36) e de Lucas (12, 51-53). Ela põe diante de nossos olhos o que acontece quando um homem se espiritualiza, tornando-se um iniciado. Independentemente de sua vontade, ele entra em conflito ou desarmonia com sua parentela e com seus amigos, em verdade com todos aqueles que não conseguem elevar-se espiritualmente, que não conseguem, nem querem, vibrar na mesma frequência de altíssima voltagem, no mesmo diapasão ou no mesmo padrão de alta fidelidade aos ideais superiores e próprios de uma consciência crística e universal. Mesmo sem querer, ele desperta ciúmes, invejas, friezas ou hostilidades. Alguns o consideram louco, outros, um tolo, e quase todos acham que é um inútil, que anda em busca de quimeras e ilusões.

"E serão solitários", afirma Tomé!

A ingratidão, o egoísmo e a mesquinhez dos homens comuns ou profanos, acabam por expulsar o iniciado do seio familiar, empurrando-o para o isolamento e a solidão. Mas ele não se lamenta. Ao contrário: está sempre feliz, até mesmo no sofrimento. Sua solidão é aparente. Tendo ingressado no reino da Verdade Libertadora e na Comunhão dos Santos, pouco importa onde o seu corpo esteja, ele mesmo, em Espírito, permanece sempre na melhor companhia que existe. Além disso, já deixou de sofrer as consequências de acontecimentos externos, quaisquer que sejam, de prazer e de dor, pois não mais os deseja, nem muito menos os teme.

Seja na família, seja no mundo, a situação espiritual de um autoiluminado não muda, porque a sociedade é a família mesma em ponto maior, com as mesmas dissintonias, as mesmas ambiguidades, as mesmas divergências e incompreensão.

Eis a razão porque a mensagem do Cristo, em Jesus, têm provocado tantos efeitos colaterais indesejáveis, fazendo, no entanto, com que *os bons se tornem melhores, e os maus, ainda piores*! Entretanto, *os bons são poucos, e os maus são muitos*! Daí, todos esses equívocos praticados em nome do Cristo: Catequizações feitas à força, inquisições, cruzadas, guerras religiosas e conflitos sangrentos!...

E o Mestre sabia de tudo isso!...

Logion 17) **Eu vos darei o que nenhum olho viu, nenhum ouvido ouviu, nenhuma mão tangeu, e que jamais surgiu no coração do homem.**

Olhos, ouvidos, mãos e coração são coisas quantitativas do ego. A visão, a audição e o tato nos enganam, com a cumplicidade de nossa mente. Nossas emoções, quase sempre, são fatores de desequilíbrio.

O que o Cristo, em Jesus, nos promete está infinitamente acima de tudo aquilo que se pode ver, ouvir, sentir e pensar. Tudo isso é relativo, é finito, é transitório e, por isso mesmo, se perde numa medida duracional de tempo e num determinado espaço. Porém, o que o Cristo nos dá é absoluto, é infinito, é eterno. Mas, para que possamos receber a nossa herança divina, que já é nossa, porque nos foi dada desde toda a eternidade, temos de nos cristificar, temos que integrar o nosso ego personal, que vê, ouve, sente e pensa, na universalidade crística do nosso Eu. Então, entre outras coisas, todos os nossos prazeres, que são naturalmente inconsistentes e fugazes como o vento, darão lugar a uma felicidade inesgotável e sem fim. Uma migalha dessa felicidade vale mais que todos os prazeres, porventura existentes no Universo!

Logion 18) Perguntaram os discípulos a Jesus: Como será o nosso fim? Respondeu-lhes Jesus: Descobristes o princípio para saberdes do fim. Onde há princípio ali também haverá fim. Feliz de quem está no princípio; também conhecerá o fim – e não provará a morte.

Queriam saber os discípulos de Jesus qual o destino da criatura humana. O Mestre, então, remete-os à questão da origem.

A cada origem corresponde um destino. Assim, se o homem tivesse princípio, começo ou origem na matéria, se fosse um simples produto da natureza, nascido de seus desdobramentos ou convulsões, se tivesse simplesmente brotado das entranhas do mundo, só lhe restaria, por consequência, findo um breve período de dores conscientes, retornar à sua origem mundana e, desintegrar-se num miserável e insignificante punhado de pó.

O cadáver em decomposição seria o homem mesmo, que se acaba!

Mas, não! O homem não provará a morte eterna. Como

nos mostra o próprio Tomé nos *logia 49 e 50*, o destino do homem depende de sua origem e sua origem é a luz, "lá onde ela nasce de si mesma..." É verdade. A origem do homem não é a matéria. Por isso mesmo, ele não pertence ao mundo e o seu destino é transcender o mundo, e não se desintegrar nele para sempre, perdendo, desse modo, sua individualidade egoica, corporal, emocional e mental. Enganam-se os céticos, os niilistas, os materialistas e os ateístas. Deus concebeu e gerou o homem de sua própria essência imortal e eterna, sacando-o da Luminosa Plenitude do Infinito e não de algum finito ou da tenebrosa vacuidade do nada, do nadíssimo nada. Eis porque *o homem é eterno em seu ser, embora temporário em seu existir; imortal como ser divino, mortal, porém, enquanto fenômeno humano.* O ser humano, em Essência, é anterior às encarnações e, evidentemente, posterior às próprias desencarnações.

O homem, pelo que se vê, é essência divina temporariamente encarnada e, por isso, quando consegue integrar o seu ego no Eu crístico, imortaliza-se e, como filho pródigo que é, retorna ao reino de Deus, à Casa do Pai Celeste. Universaliza-se sem perder sua individualidade!

Reconheçamos de uma vez por todas: No mundo, somos tão-somente peregrinos do Infinito, viajores incansáveis, passageiros para a eternidade!...

Logion 19) Disse Jesus: Feliz daquele que era antes de existir. Se vós fordes meus discípulos e realizardes minhas palavras, estas pedras vos servirão. Há no vosso paraíso cinco árvores, que não se movem no verão e no inverno e cujas folhas não caem; quem as conhecer, esse não provará a morte.

Antes de existir, o homem é! Existe, no âmbito da individualidade egoica, e é, na dimensão qualitativa e universal do Eu.

O ser é o oposto do existir. Existir, do latim *ex-sistere*, formado de *ex*, fora, e *sistere*, estar, situar-se, significa estar subjetiva e temporariamente fora do ser. O ser propriamente não existe, o ser siste ou insiste, sem nenhuma mudança. Aquilo que muda, não é; parece ser ou simplesmente existe.

O ser é eterno, sem princípio, sem meio e sem fim. Real é o ser; irreal é o não-ser. E entre a eterna luz do ser e as trevas do não-ser, temos a penumbra do existir. Quando algo existe ou está fora, é porque nasce, é porque vem da Essência para a existência; quando des-existe ou desiste é porque morre, ou seja, volta ao ser. Esse morrer, no entanto, não é nenhum acabar, da mesma forma que o nascer não é nenhum começar. Tudo é, nada mais e nada menos que passagem de uma dimensão para outra dimensão.

Em verdade, *já nascemos e morremos dezenas ou centenas, talvez, milhares de vezes!*

"Feliz daquele que é antes de existir...", isto é, que já possui plena consciência de sua origem e, por isso mesmo, do seu próprio destino.

Precisamos urgentemente buscar e encontrar o nosso ser. Para tanto, temos de conhecer e realizar fiel e plenamente as palavras do Cristo, seja no *Sermão da Montanha* (Mt 7, 24-25; Lc 6, 47-48), seja no *Bhagavad Gita* ou em outros livros sacros a humanidade, tudo, porém, na mais profunda profundeza da nossa própria consciência.

Quem assim se cristifica, torna-se Senhor, não somente do seu ego, como também da própria natureza. A natureza segue e obedece docilmente a um autoiluminado, ao um homem divinizado, assim como obedecia a Krishna, a Jesus, a Francisco de Assis, ao Ramana Maharishi e outros.

E as cinco árvores do nosso paraíso? Ao que tudo indica, são os nossos cinco sentidos, cujas limitações e fraquezas, aliadas aos equívocos e abusos de nossa mente, que mente despudoradamente, devem ser muito bem conhecidos e vigiados, a fim de serem completamente dominados e vencidos. O ego físico, emocional e mental tem que ser posto na retaguarda, para servir ao Cristo na vanguarda.

Quem se autorrealiza, quem assim se cristifica, nunca mais pode morrer!...

Logion 20) Disseram os discípulos a Jesus: Dize-nos, a que se assemelha o Reino dos Céus.

Respondeu-lhes ele: Ele é semelhante a um grão de mostarda que é menor que todas as sementes; mas quando cai em terra, que o homem trabalha, produz um broto e se transforma num abrigo para as aves do céu.

A parábola do *grão de mostarda* está presente também nos Evangelhos sinóticos (Mt 13, 31-32; Mc 4, 30-32; Lc 13, 18-19). O detalhe em Tomé, é que a terra, na qual é depositada a semente da Palavra de Deus, é terra trabalhada pelo homem, ou seja, é a *alma humana*. Eis porque a germinação e o desenvolvimento do Reino de Deus no homem resultam do livre arbítrio de cada um, de sua maior ou menor idoneidade receptiva.

A mostarda é a maior das hortaliças e, na Palestina, chega a atingir cerca de quatro metros de altura, com uma copa tão exuberante, que pode servir de abrigo aos passarinhos. Entretanto, suas sementes são tão pequenas, que se tornou provérbio, entre os israelitas, o dito popular: "Tão pequeno como um grão de mostarda."

É por isso que Jesus compara o Reino dos Céus a esse grãozinho aparentemente pequenino, inexpressivo e insignificante. A pequenez da semente e a grandeza da planta representam aqui o Reino de Deus no homem, o Reino dos Céus no mundo. Quantitativamente, a vida quando nasce, quando se manifesta, quando eclode numa determinada criatura, é algo extremamente frágil, pequeno e delicado, mas, por outro lado, se nos revela ou nos apresenta infinitamente grande, perfeito e sublime, pois é a presença mesma do Infinito, como Causa Única, Incausada e Causante tudo quanto existe.

A sociedade, a massa humana, ainda se constitui basicamente de homens-ego, de profanos, profanos de má-vontade ou viciosos e, mesmo, profanos de boa-vontade ou virtuosos. Homens profanos, no entanto, sejam viciosos ou virtuosos, só têm olhos de ver para as coisas quantitativas da existência. Eis o problema. Porém, quando um homem se autoilumina, se autoconhece e se autorrealiza, por meio da conversão, metanoia ou transmentalização, quando se transforma num Cristo-vidente, a exemplo de Jesus, pode então ver a grandeza qualitativa da Essência na mais diminuta e insignificante pequenez quantitativa da existência. Ele vê não mais com suas grosseiras retinas materiais do corpo físico, com a cumplicidade da mente bipolar, mas, por meio da introvisão indimensional, onipresente, qualitativa e crística da Razão, do Logos, do Verbo, do Eu. Vê com os olhos da alma, com os olhos de Deus. E aos olhos de Deus, nada é pequeno nem grande, pois tudo, em Essência, é qualidade, mesmo que esteja relativa e temporariamente velado por algum fenômeno quantitativo-existencial.

É assim que um Krishna, um Buda, um Jesus, ou qualquer outro homem cristificado, vê o Reino de Deus no mundo: Realidade Essencial e viva, aparentemente pequenina, porém, num processo de expansão crescente, constante e contínua *ad infinitum* e *ad aeternitatem*.

Note-se, por exemplo, o caso do bem-amado Jesus. Sua mensagem nasceu pequenina e frágil como um grãozinho de mostarda. Fora dirigida inicial e especificamente a apenas doze homens previamente escolhidos, de boa-vontade, é claro, mas ignorantes e quase analfabetos. Entretanto, a sementinha, em virtude de sua própria vitalidade intrínseca, germinou e cresceu, lançando seus brotos muito além da Galileia e de Judeia, para abraçar o mundo e alcançar bilhões e bilhões de homens. A sementinha semeada pelo Cristo em Jesus abrange hoje o Planeta inteiro...

E se expande indefinidamente!...

Logion 21) Disse Maria a Jesus: Com quem se parecem os teus discípulos? Respondeu Jesus: Parecem-se com garotos que vivem num campo que não lhes pertence. Quando aparecem os donos do campo, dirão estes: Deixai-nos o nosso campo. E eles desnudam-se diante deles e lhes deixam o campo.

Por isto vos digo eu: Se o dono da casa sabe quando vem o ladrão, vigia antes de sua chegada e não o deixará penetrar na casa do seu reino para lhe roubar os haveres. Vós, porém, vigiai em face do mundo; cingi os vossos quadris com força para que os ladrões não encontrem caminho até vós. E possuireis o tesouro que desejais.

Sede como um homem de experiência, que conhece o tempo da colheita, e, de foice na mão, ceifará o trigo.
Quem tem ouvidos para ouvir, ouça.

Maria quer saber de Jesus quem são os seus discípulos. Mas... qual das muitas Marias, que figuram nos Evangelhos? Maria, a Madalena, certamente. A resposta que o Mestre lhe dá é muito hermética, porém, maravilhosa. Huberto ROHDEN (*O Quinto Evangelho*. 2. ed. São Paulo: Alvorada, p. 48) chega a entusiasmar-se, dizendo: "Se Didymos Thomas, o autor deste Evangelho, não tivesse escrito nada senão estas palavras, seria suficiente para incluí-lo entre os grandes iniciados cósmicos da humanidade."

O discípulo do Cristo é todo aquele que vive em campo alheio e sabe que o campo não lhe pertence. Sabe que o mundo não é sua verdadeira pátria, mas apenas um lugar temporário de provas, testes, sacrifícios e experiências, tendo em vista sua evolução espiritual.

O mundo não lhe pertence nem ele pertence ao mundo. Está aqui como transeunte (Cf. Lógion 42), como passageiro. Por isso, fatalmente chega um dia em que tem de deixar o mundo e devolver ao mundo o que é do mundo, ou seja, o que é quantitativo, o que é transitório, tudo aquilo que não se incorpora à substância interna e eterna do seu ser, inclusive o próprio corpo físico, que lhe fora emprestado pela natureza. E assim ele deixa o campo, deixa a existência, completamente desnudo.

Os donos do campo, aqueles que vivem no mundo, com o mundo, pelo mundo e para o mundo, são ladrões e salteadores profissionais, ignorantes e perversos, que desviam os incautos, roubando-lhes os tesouros espirituais, desencaminhando-os e afastando-os de sua vocação superior, de seu caminho rumo a Deus.

Por isso, os discípulos do Cristo têm de estar sempre vigilantes, sem que a consciência, a qualquer momento, lhes acuse de coisa alguma. Devem estar permanentemente com os quadris devidamente cingidos, ou seja, sempre prontos a partir, a qualquer instante, em que forem chamados para uma outra dimensão, para uma dessas moradas, dessas muitas moradas, que há na Casa do Pai Celeste.

É uma insensatez, um erro monumental dos profanos, tentar permanecer, a qualquer custo, neste exílio terrestre, quando chega o tempo da colheita, quando chega o anjo negro de foice na mão, quando chega a hora de partir!...

Afinal, morrer, desencarnar-se é tão natural como nascer... ou ainda mais!...

Logion 22) Jesus viu crianças de peito a mamarem. E ele disse a seus discípulos: Essas crianças de peito se parecem com aqueles que entram no Reino. Perguntaram-lhe eles: Se formos pequenos, entraremos no Reino?

Respondeu-lhes Jesus: Se reduzirdes dois a um, se fizerdes o interior como o exterior, e o exterior como o interior, se fizerdes o de cima como o de baixo, se fizerdes um o masculino e o feminino, de maneira que o masculino não seja mais masculino e o feminino não seja mais feminino – então entrareis no Reino.

Nos Evangelhos sinóticos (Mt 18, 1-4; Mc 9, 33-35; Lc 9, 46-48) Jesus toma uma criança, apresentando-a como modelo de inocência, humildade e sinceridade, modelo a ser seguido por quem deseja realmente ingressar no Reino de Deus.

Uma criança é inocente e humilde porque é simples, não tem malícia, nem astúcia ou sagacidade. O adulto, no entanto, se aspira à cristificação, deve converter-se em modelo de santidade, tornando-se puro, inocente e humilde como uma criança, não por ignorância ou vacuidade, o que seria, no mínimo, infantilismo, mas, ao contrário, por sapiência e plenitude: O objetivo é o mesmo, porém, o processo é diferente e, em verdade, oposto. Em ambos os casos, a humildade e a pureza de coração, é que têm importância e não o modo de se consegui-las. Um adulto, como quase sempre acontece, há muito já perdeu a inocência e deve reconquistá-la à custa de muitos e terríveis sacrifícios, sob pena de não ascender a níveis conscienciais superiores na escala evolutiva.

Uma criança é originalmente inocente e pura, porque mantém, ainda que inconscientemente, uma relação de fidelidade natural com o Cristo, com Deus.

No homem adulto, essa fidelidade natural, via de regra, já se perdeu. Terá, então, de ser retomada, conquistada, com muito esforço, contrição, veneração, prece, ascetismo e recolhimento espiritual. Se lograr sucesso nessa empreitada, entre as novas qualidades adquiridas por esse homem, vão brilhar, sem dúvida, a simplicidade, a ausência de malícia e de segundas intenções, a humildade e a sinceridade, enfim, virtudes muito próprias ou típicas de uma criança.

"Se formos pequenos entraremos no Reino?"

A resposta de Jesus a essa pergunta ingênua de seus discípulos, que compõe a segunda parte deste *logion* 22, é exclusiva do Evangelho de Tomé. Nada há nos Canônicos que se lhe compare.

Tudo na existência, seja no mundo da natureza, seja no mundo do homem, é bipolar, regido pelo princípio da contrariedade: interior e exterior, de cima e de baixo, masculino e feminino, positivo e negativo, tese e antítese, e assim por diante.

O homem sensorial e intelectivo só é capaz de perceber fenômenos quantitativos da existência e, como tais, regidos por esse princípio da bipolaridade disjuntiva. Aqueles que são basicamente sensoriais só vêem a pluralidade; os mais intelectivos que, pelo menos, deram um passo à frente, já enxergam a dualidade; mas somente os intuitivos, os racionais, percebem a Unidade Qualitativa da Essência em toda a pluralidade quantitativa da existência. Para eles, todos os fenômenos aparentemente opostos uns aos outros, são, na verdade, complementares. Assim, o dois, ainda que não deixe de ser dois, unifica-se no um, no Uno, no Único, como Essência de ambos. O mesmo se dá com o de cima e o de baixo, com o positivo e o negativo, com a tese e a antítese e, assim, sucessivamente.

No caso do ser humano, que realmente nos importa, nem o masculino nem o feminino podem ingressar no Reino de Deus. Não é o *anèr* ou a *gynè*, o *masculus* ou a *femina*, que pode fazê-lo, é o *anthropos*, ou seja, o homem como Espírito, o homem *anterior* e, por isso mesmo, posterior à sua bifurcação existencial em macho e fêmea. O homem apto a ingressar no Reino de Deus é o homem-espírito, e o homem-espírito não tem sexo!...

Logion 23) Disse Jesus: Eu vos escolherei, um entre mil, e dois entre dez mil. E eles aparecerão como um só.

Quem vive nas trevas dos sentidos, na biosfera, é pluralista, só é capaz de ver os efeitos múltiplos e não a causa que os produz. O pluralista ignora Deus. Quem vive na penumbra da inteligência, na noosfera, é dualista, pode ver a dualidade de causa e efeito em todos os fenômenos da existência, mas não enxerga a unidade essencial de todos eles. O dualista conhece a Transcendência de Deus, mas ignora a Imanência de Deus no mundo.

Quem vive na pleniluz da Razão, na Logosfera, é rigorosamente monista e, como tal, percebe a Unidade Qualitativa da Essência em todos os fenômenos quantitativos da existência. Ele afirma igualmente a Transcendência e a Imanência de Deus em tudo, não como categorias disjuntivas, porém, como um todo único e simultâneo. Ele sabe que Deus criou todos os finitos, não da tenebrosa vacuidade do nada, mas da Luminosa Plenitude de si mesmo, criou a existência inteira de sua própria Essência Absoluta e Infinita.

Ora, a sabedoria humana apenas começa com a pluralidade, dá um passo a mais quando chega à dualidade e só atinge o seu glorioso destino quando alcança a Unidade.

Por isso é que os homens sábios e santos nunca são muitos, "um entre mil", "dois entre dez mil", segundo o Cristo em Jesus.

Mas... porque eles aparecem "como um só"? Justamente porque, quanto mais se aproximam da Essência divina, do Infinito, do Uno, de Deus, tanto mais se unem, se irmanam uns com os outros numa unidade indissolúvel e eterna, ainda que cada um conserve íntegra e intocável sua própria individualidade. É a chamada "comunhão dos santos", da qual fazem parte todos os monistas, ou sejam, os místicos, os autoiluminados, os videntes de Deus, os homens cristificados de todos os tempos e lugares, independentemente de qualquer organização religiosa de que, porventura, fizeram ou façam parte.

Logion 24) Seus discípulos pediram: Mostra-nos o lugar onde tu estás; porque o devemos procurar. Respondeu-lhes ele: Quem tem ouvidos, ouça! Há luz dentro dum ser luminoso, e ele ilumina o mundo inteiro. Se não o iluminar, ele é treva.

Tudo é luz. A Luz Metafísica criou a luz física. A luz física, incolor, invisível e indestrutível, metamorfoseou-se em energia, que é luz colorida ou luz condensada e que, por sua vez, transformou-se em matéria, que é penumbra, e não passa de energia congelada.

Tudo é luz. Na existência, é luz como luz, luz como energia e luz como matéria. A luz é sempre a mesma, só muda a sua vibração, que é mínima na matéria; média ou intermediária, na energia; e máxima, na luz propriamente dita.

Tudo é luz. Na Essência, a Luz Metafísica, de vibração absoluta, é o Pai, o Criador; na existência é o Cristo, o continuador da obra do Pai.

Mas, onde está o Cristo, onde está a Luz do mundo?

Está "dentro dum ser luminoso" – diz o Mestre Jesus, conforme o testemunho de Tomé! E esse ser luminoso, segundo João (1,9), é o Cristo, que ilumina a todo homem que vem a este mundo. O ser luminoso, portanto, é o Cristo Interno, o Cristo dentro de cada um de nós.

Mas, como é uma luz potencial, que precisa ser atualizada, cabe ao próprio homem a magna e insubstituível tarefa de se transmentalizar, de ultrapassar a dimensão intelectiva da noosfera e penetrar na dimensão racional ou intuitiva da Logosfera, de cristificar-se, lucificando-se totalmente.

Se assim o fizer, ele ilumina o mundo inteiro com a sua presença, irradiando graças e mais graças para todos aqueles que desenvolverem alguma idoneidade receptiva. Mas, se não o fizer, então é treva para si mesmo e para os outros, porque treva é simplesmente ausência de luz, ausência subjetiva, já que é impossível uma ausência objetiva de Deus no homem.

Logion 25) Disse Jesus: Ama a teu irmão como a tua própria alma e cuida dele como da pupila dos teus olhos.

Deus é amor. Todas as escrituras sagradas da humanidade o confirmam. Assim sendo, todas as criaturas, corpos, coisas e fenômenos que compõem a gigantesca obra da criação universal, são e só podem ser frutos desse amor, é dele que recebem sua natureza, sua substância e sua razão de ser. Logo, o amor é a alma de tudo quanto existe. O amor é positivo, é luz, é presença. Todas as formas de ódio, ao contrário, são negativas, são trevas, são ausência.

É por isso que, nos Evangelhos sinóticos (Mt 22,33-40; Mc 12, 28-34; Lc 10, 25-28), o Mestre Jesus chega a sintetizar todos os mandamentos destinados a reger o homem e a humanidade de todos os tempos, no amor, no amor dativo, no amor doação. Nada mais é necessário ao homem senão amar, amar a Deus, com todas as forças do corpo, com todas as vibrações do coração, com toda a energia da mente e com toda a profundeza da alma, e, da mesma forma e com a mesma intensidade, amar ao próximo, ao irmão, como ama a si mesmo.

Aqui, no Evangelho de Tomé, o Mestre reforça ainda mais a necessidade do amor e do cuidado com o irmão. Trata-se do amor em sua expressão mais pura, o amor dativo, sem nenhum apego, sem nenhuma paixão. O apego ou paixão é coisa do ego, e o ego não ama! O amor, entretanto, é apanágio do Eu e, por isso, é incondicional, amor que se dedica ao próximo, sem nenhuma distinção, seja ele amigo ou inimigo, pois, afinal, somos todos irmãos na mesma e única fraternidade cósmica do Universo!...

Logion 26) Jesus disse: Tu vês o argueiro no olho do teu irmão, e não vês a trave no teu próprio olho. Se tirares a trave do teu próprio olho, verás claramente como tirar o argueiro do olho do teu irmão.

Mensagem semelhante pode ser vista em Mateus (7, 3-5) e Lucas (6, 41-42).

É nosso dever mais sagrado, o de amar desinteressadamente o nosso irmão e tratá-lo com toda a benevolência e sempre com brandura, mereça ele ou não. Mesmo porque, o amor faz bem é para quem ama e não para quem é amado, do mesmo modo, que a grande vítima do ódio é sempre o odiento e não necessariamente o odiado.

Se os homens soubessem disso, se eles fossem capazes de fazer o bem pelo bem, se eles fossem bons, incondicionalmente bons, perfeitamente bons, indefectivelmente bons, o nosso planeta certamente deixaria de ser tão primitivo, tão tenebroso, tão atrasado e tão infeliz; pelo contrário, seria um verdadeiro paraíso! Mas não! Não conseguimos sequer vislumbrar tal possibilidade, já que uma ignorância incrível nos impede. Temos, quase sempre, um tronco estendido em nossa visão a prejudicar-nos o olhar. E o que fazemos então? Ignoramos a nossa cegueira ou nossa miopia e ainda nos julgamos no direito de enxergar e no dever de tirar um cisco do olho do nosso irmão!...

Convenhamos! É muito egoísmo, é muita autocomplacência, é muita indulgência com nós mesmos! Como podemos ser tão duros, tão ferozes e tão intransigentes no olhar lançado àquele que caminha ao nosso lado? Como podemos julgar o nosso semelhante, se o desconhecemos por completo? Podemos, às vezes, até *ver* o que ele fez ou faz, mas não sabemos nem podemos saber o porquê e o para quê de suas ações, ignoramos suas intenções, desconhecemos todos os seus motivos. Jamais podemos julgá-lo e muito menos condená-lo, apontando-lhe faltas e defeitos que ele tem, exagerando-os, no mais das vezes, e, até mesmo, acrescentando-lhe outras faltas e outros defeitos que ele não tem.

Se os homens soubessem disso, se eles fossem capazes de compreender as leis cósmicas que regem o Universo, em vez de implacáveis fiscais dos atos de outrem, cuidariam mesmo é dos seus próprios atos, ou melhor ainda, de suas intenções, pensamentos e sentimentos, controlando-os e purificando-os, antes mesmo de se fazerem ações, antes de se transformarem em atos e fatos. E todas as vezes que surgisse uma tentação de enxergar ou apontar um possível defeito no próximo, consultariam antes a própria consciência, a ver se não são vítimas de um defeito semelhante ou ainda mais grave ou pior. E quando se aproximasse de alguém, cuja conduta revelasse alguma falta grave, seria de uma forma muito discreta, delicada, sincera e amorosa, sem nenhuma censura, mas somente pelo sentimento de ajuda, no sentido de encontrar o caminho da retidão e da justiça, o caminho do amor, o caminho do Cristo, o caminho que nos conduz a Deus!...

Logion 27) Se não jejuardes em face do mundo, não achareis o Reino; se não guardardes o sábado como sábado, não vereis o Pai.

São afirmações tão misteriosas, enigmáticas e paradoxais, como aquelas que se podem ver, por exemplo, nos capítulos 57, 58 e 62, do *Tao Te King*, de Lao-Tse.

Que significa jejuar em face do mundo? Se jejuar é abster-se de alimentos, jejuar em face do mundo quer dizer, então, renunciar àquilo que é próprio do mundo, os prazeres fugazes e as ilusões da matéria, principalmente. É abandonar as quantidades finitas, em busca da Qualidade Infinita; é tornar-se material e externamente pobre, para cultivar a riqueza espiritual interior; é não precisar de muletas materiais e psicológicas, para viver com alegria, decência e dignidade. Jejuar em face do mundo é desapegar-se subjetivamente dos bens materiais e circunstâncias mundanas, como, por exemplo, fama, honra, poder, glória e dinheiro. Tudo isso são coisas do mundo, que pertencem ao mundo e ficam no mundo, são coisas que não se incorporam à substância interna e eterna do ser humano, são coisas que prejudicam a sua viagem de retorno aos braços do Pai, pois são barônticas, atávicas e involutivas, são gravitacionais e sempre puxam o homem para baixo. Enfim, jejuar em face do mundo é viver no mundo libertando-se do mundo, transcendendo o mundo.

Mas... e guardar o sábado como sábado? Que coisa é essa? Sábado é um dia da semana destinado ao descanso. Porém, conforme o espírito do Evangelho de Tomé, guardar o sábado como sábado nada tem que ver com o descanso, em termos de ociosidade, mesmo porque a ociosidade é a mãe de todos os vícios!...

Aqui, quem descansa é apenas o ego, físico, emocional e mental, mas com um objetivo exatamente oposto, o de ativar o Eu, o Logos, o Verbo, o Cristo Interno, a Luz do mundo. Sob esse aspecto, guardar o sábado como sábado consiste na mais pura atividade, pois é a meditação, o esvaziar-se como ego, a fim de ser preenchido pelo Eu, é buscar a própria cristificação.

Logion 28) Jesus disse: Eu estava no meio do mundo e me revelei a ele corporalmente. Encontrei todos ébrios, e não encontrei nenhum deles sedento. E minha alma sofria dores pelos filhos dos homens, porque eles são cegos no seu coração e nada enxergam. Assim como entraram no mundo vazios, querem sair do mundo vazios. Agora estão bêbados, é só se converterão se abandonarem o seu vinho.

O Cristo vem ao mundo, revelando-se corporalmente, na qualidade de mensageiro de Deus, de embaixador plenipotenciário do Pai, para oferecer aos homens a mensagem da Verdade Libertadora. Jesus é um desses avatares, encarnação viva do Cristo.

Neste *logion* de Tomé, o Cristo nos mostra que os homens, aos quais veio orientar, como o bom pastor que é, estavam todos embriagados e que nenhum deles possuía idoneidade receptiva suficiente, que nenhum deles estava devidamente preparado para o autoconhecimento a autolibertação e a autorrealização de si mesmo. Eram todos profanos, ébrios de ilusão.

Jesus se confessa de alma sofrida, dorida, por causa dessa indizível cegueira dos profanos, que nem mesmo sabem viver, que tateiam nas trevas, embora tendo a luz divina à sua frente e dentro de si mesmos.

Eles vivem nas trevas dos sentidos e na penumbra da inteligência e, embriagados pelos prazeres e pelas coisas do mundo, não se convertem, não se transmentalizam, não integram o ego no Eu, não buscam o Cristo Interno, que é "o caminho, a verdade e a vida" (Jo 14-6).

Esses homens, ao entrarem no mundo, chegaram de mãos vazias e querem sair do mundo da mesma forma, de mãos vazias. Ora, quem age dessa maneira é "servo mau e preguiçoso", segundo a parábola dos talentos (Cf. Mt 25, 14-30).

De fato, todo homem, quando vem ao mundo, traz, pelo menos, potencialmente, alguma vocação algum dom, algum talento, a ser, obrigatoriamente, atualizado. Não se pode, como fez aquele servo mau e preguiçoso, enterrar o talento recebido. Deus não concede nenhum talento a alguém, para que ele o enterre e, posteriormente, ao sair do mundo, o devolva intacto, pois o homem é uma criatura criadora e não apenas uma criatura criada. Deus, na verdade, criou o homem o menos possível, justamente para que o homem possa criar-se a si mesmo o mais possível e aperfeiçoar-se cada vez mais numa escala de perfectibilidade inesgotável, eterna e sem fim. Por isso, quem sai do mundo de mãos vazias, quem não adquire alguma sabedoria espiritual, anda em círculos, fica estagnado num determinado plano evolutivo, não avança em direção a Deus, não alça voos nas asas do espírito rumo à eternidade e ao Infinito!...

Logion 29) Jesus disse: Se a carne foi feita por causa do espírito, é isto maravilhoso. Mas, se o espírito foi feito por causa do corpo, é isto a maravilha das maravilhas. Eu, porém, estou maravilhado diante do seguinte: Como é que tamanha riqueza foi habitar em tanta pobreza?

O corpo foi criado como templo do espírito. O espírito anima o corpo, e isto é maravilhoso. Sem esse corpo o espírito não seria uma alma, continuaria sendo pura Essência Universal. É animando um corpo que o Cristo Cósmico pode transformar-se num Cristo Interno, que o Eu pode habitar o ego.

O Eu é o homem em Essência e Qualidade; o ego é esse mesmo homem como existência e quantidade. O Eu é cósmico e universal, presente em cada molécula e em cada átomo do Universo, mas só pode tomar consciência de si mesmo, enquanto individualidade, quando se deixa aprisionar nas formas tridimensionais de um ego. O Eu veio ao mundo, descendo da Unidade Qualitativa do Uno para a existência quantitativa do verso, da Unidade para a pluralidade, do Infinito para os finitos.

O Eu, em si, é anterior a qualquer experiência mundana existencial. Sem o ego, não teria ele nenhuma consciência de sua identidade, de sua existência. Porém, ao individualizar-se como ego, físico, emocional e mental, adquire gradativamente a consciência de si mesmo, crucificando-se na Verticalidade da Mística e na horizontalidade da Ética, ou seja, cristificando-se a si mesmo!

Enfim, sem um corpo o espírito jamais poderia vir ao mundo. E quando esse espírito universal anima um corpo individual, quando tamanha riqueza habita essa extrema pobreza, temos, então, um quadro de maravilhas! De fato, como pode um corpo físico, constituído basicamente de água, em noventa por cento, e de alguns componentes minerais, os restantes dez por cento, elementos tão pobres e tão frágeis, emprestados pela natureza, servir de base para operações tão sublimes, como ver, ouvir, falar, sentir, querer e pensar, perscrutar e indagar da ordem universal?

O corpo, como base física do ego, permite ao homem, espírito temporariamente encarnado, segundo as três dimensões que o ego lhe oferece, *física, emocional e mental,* autoconhecer-se e preparar-se para a suprema cristificação do amor: amor incondicional ao Pai, amor ao irmão sem esperar nenhuma recompensa, e o amor desinteressado à natureza. E isto é a maravilha das maravilhas!...

Logion 30) Disse Jesus: Onde há três deuses, são deuses. Onde há dois ou um, eu estou com ele.

A primeira parte deste *logion*, "onde há três deuses, são deuses", embora esotérica e profundamente hermética, pode ser compreendida e assimilada. A segunda parte, no entanto, "onde há dois ou um, eu estou com ele", é praticamente impenetrável.

Que são deuses, para Jesus? Em primeiro lugar, está afastada liminarmente qualquer hipótese politeísta, aberta ou disfarçada. Não se trata disso. Os deuses, aos quais o Mestre se refere, são manifestações individuais da Divindade Universal. Ele mesmo se diz Deus, Deus-filho e não Deus-pai e muito menos a Divindade, ao mesmo tempo em que reconhece como deuses a todos os homens (Cf. Jo 10,30. 34. 39. 14,12. 28). É verdade. Todo homem é Deus; não é a Divindade, não é o Pai, não é o Espírito Santo, mas é Deus-filho, porque, em Essência, tem a mesmíssima natureza do Pai, ainda que, devido a uma monumental ignorância, no plano do ego, que o mantém, subjetiva e ilusoriamente separado de sua divina origem, esteja atuando temporariamente na existência, como se fora o pior dos ban-

didos! Sim. O homem é Deus, no âmbito qualitativo do ser, é porque é, e nada no Universo é capaz de mudar isso. Pouco importa que no âmbito quantitativo do ter e funcional do fazer, ele se apresente, neste palco existencial do mundo, representando o papel do mais frio, monstruoso e cruel de todos os facínoras. Isto porque o ser é eterno, enquanto o ter e o fazer, ou seja, o representar, é meramente temporário!...
Onde há dois deuses ou um, ou estou com ele... Que mistério! Será que se pode lançar alguma luz sobre este enigma? Parece que esses dois deuses ou um são os homens plenamente cristificados, e Eu, no presente contexto, é o próprio Cristo, em Jesus.
O Cristo está sempre conosco até a consumação dos séculos. Nós, porém, quase sempre estamos ausentes do Cristo. Mas, quando um homem se faz presente ao Cristo sempre presente, então, o Cristo realmente está com ele. E, para homens assim cristificados, que nunca são muitos, na verdade, dois ou um, toda a pluralidade fenomênica do Universo se integra na Unidade Qualitativa do Uno!...

Logion 31) Nenhum profeta é aceito em sua cidade, nem pode um médico curar os que o conhecem.

A primeira parte do *logion*, em epígrafe, nos é igualmente conhecida pelos Evangelhos Canônicos (Mt 13, 53-58; Mc 6, 1-6; Lc 4, 16-30; Jo 4, 43-44). A segunda, no entanto, só pode ser vista em Tomé.

Um profeta é mais amado em qualquer outro lugar do que em sua terra, mais estimado por estranhos e desconhecidos do que pelos próprios parentes e amigos.

Jesus mesmo sofreu e comprovou essa recusa gratuita de seus concidadãos e de sua parentela. Vejamos a narração do episódio, segundo o testemunho de Mateus (13, 53-58): "Depois de pôr termo a estas parábolas, partiu Jesus daí. Foi à sua pátria e pôs-se a ensinar na sinagoga deles. "Donde lhe vem essa sabedoria e essas forças? – dizia a gente, cheia de pasmo – pois não é o filho do carpinteiro? Não se chama Maria sua mãe, e seus irmãos Tiago, José, Simão e Judas? e não vive no meio de nós suas irmãs todas? Donde lhe vem, pois, tudo isto?" E encontraram obstáculo nele.

Jesus, porém, lhes disse:"Em parte nenhuma encontra o profeta menos estima do que em sua pátria e em sua própria casa." E não realizou ali muitas obras poderosas, porque eles não tinham fé".

Aí está: O Mestre leu, captou e sentiu, sem dúvida, a inveja e toda aquela vibração pesada e negativa, toda a descrença e toda a infidelidade de seus patrícios, razão porque não pôde realizar ali suas costumeiras obras poderosas, a não ser a cura de uns poucos doentes.

Isto, que se dá com um profeta, ocorre também, mas em ponto menor, com um médico ou com outra categoria de pessoas, cujo desempenho ou eficiência depende fundamentalmente da confiança que neles se deposita. Em verdade, é mais do que confiança, pois é uma questão de fé! Os homens realmente desconfiam, eles não têm fé naqueles que lhe são mais íntimos, que lhe são mais próximos, e se recusam sistematicamente a reconhecer que eles possam ter ou demonstrar qualquer qualidade mais incomum ou excepcional!...

Mas, porque isto? Ora, por falta de distância, de transcendência, de mistério!... É o mistério que fascina os homens. Não lhes encanta o trivial, o costumeiro, o conhecido, o rotineiro!...

Logion 32) Jesus disse: Uma cidade situada num monte e fortificada, não pode cair, nem pode permanecer oculta.

Esta pequenina parábola, contida no *logion* 32 de Tomé, mantém relações estreitas com a da casa edificada sobre a rocha (Mt 7, 24-25; Lc 6, 47-49) e está presente também no Evangelho de Mateus (5, 14).

Como toda parábola proposta pelo Nazareno, ela se constitui de dois elementos básicos: um símbolo material e um simbolizado espiritual.

No presente contexto, o símbolo material é uma cidade fortificada e situada no topo de um monte, razão pela qual não pode cair e não pode permanecer oculta, já que é visível de todos os lados, a uma grande distância.

Quando à sua inexpugnabilidade, entretanto, como nos mostra Huberto ROHDEN (*O Quinto Evangelho*. 2. ed. São Paulo: Alvorada, p. 67-68) deve ser entendida conforme as condições existentes na época de Jesus, quando ainda não havia a possibilidade de bombardeios aéreos. É óbvio!
Mas, e o simbolizado espiritual?
Ninguém o viu nem o comentou, com tanta propriedade, profundeza e, ao mesmo tempo, tamanha simplicidade do que Huberto Rohden (ob. cit, p. 68-69), motivo porque vamos dar-lhe a conhecer, *ipsis litteris*:

> O simbolizado espiritual desse símbolo material é o caráter do homem que atingiu o cume da sua natureza e lá edificou a sua fortaleza: Sobre o seu Eu divino, inexpugnável pelas hostes do seu ego humano ou de outras potências inferiores. As potências de inferno jamais prevalecerão contra esse homem.
> Esse homem também não pode permanecer oculto por muito tempo. Ele é como uma luz no alto do candelabro que ilumina a todos que entram em sua casa, que dele se aproximam.
> Esta notoriedade do homem espiritual nada tem que ver com vaidades de publicidade, que caracterizam o homem profano. As palavras tantas vezes repetidas por Jesus "nada é oculto que não seja manifestado" se referem ao íntimo caráter das leis cósmicas, que, cedo ou tarde, fazem conhecidas as coisas mais espirituais.
> Em pleno século XX temos exemplo disto: quem viveu mais oculto do que Ramakrishna e Maharishi? E agora o mundo está inundado de livros sobre estes místicos anônimos.
> Mahatma Gandhi e Albert Schweitzer fizeram o possível para desaparecerem no anonimato – e hoje são nomes de projeção internacional.
> Os verdadeiros valores serão manifestados pela própria natureza da alma do Universo, invisível como átomo e visível como o cosmos.
> Em nossos dias, grandes empreendimentos espirituais nasceram gloriosamente e morreram ingloriamente, porque seus protagonistas cometeram o erro anticósmico de porem à frente de suas obras a pessoa e vaidade do seu ego. É impossível subornar as leis cósmicas. Por mais bem camuflada que seja a tentativa de suborno ou

de contrabando, a obra vai ser destruída quando baseada em motivos egoístas.

As leis cósmicas, que são as leis de Deus, não colaboram com nenhuma espécie de egoísmo, ganância, ambição, vaidade, personalismo, etc. E, se Deus é contra nós, não adianta dinheiro nem prestígio político.

A fim de garantir a perpetuidade de um empreendimento espiritual deve o homem edificar a sua fortaleza no cume do monte sagrado do seu Eu divino, e não mais nas baixadas do seu ego humano.

De fato. Somente nas alturas do Eu crístico, que está em nós, só na luz do Cristo Interno é que devemos confiar. No Cristo é que depositamos toda a nossa esperança!

Logion 33) O que ouvirdes com um ouvido, anunciai-o com o outro do alto dos telhados; porque ninguém acende uma lâmpada e a põe debaixo do velador, nem em lugar oculto, mas sim no candelabro, para que todos os que entram e saem vejam a luz.

"O que ouvirdes com um ouvido, anunciai-o com o outro do alto dos telhados..."

Mateus (10, 27) e Lucas (12, 3) afirmam praticamente a mesma coisa, porém, de forma mais clara, de modo mais inteligível. Vejamos o texto de Mateus: "O que vos digo às escuras, dizei-o à luz do dia: o que vos é dito aos ouvidos, proclamai-o sobre os telhados."

A mensagem, portanto, não deixa dúvidas: quem já adquiriu alguma sabedoria espiritual tem o sagrado dever de compartilhá-la, de comunicá-la do melhor modo possível e com a maior eficiência, a todos os irmãos, que tiverem alguma idoneidade receptiva.

Há muitas barreiras, enormes dificuldades. Que ninguém pense, no entanto, que entraves e obstáculos, por maiores que sejam, nos eximem da obrigação de divulgar a *Boa Nova*, de pregar o Evangelho, de proclamar, do alto dos telhados, a Verdade Libertadora a todas as criaturas de Deus. De modo algum! O dever subsiste, persiste. Mas, é preciso medir e dosar a força e o conteúdo dos ensinamentos, dando a cada um conforme o grau de sua receptividade, a cada qual o que consegue e pode assimilar. Nenhuma criatura dotada de livre arbítrio, por mais atrasada que esteja em sua evolução espiritual, é indigna dos nossos esforços, dos nossos cuidados e de toda a nossa atenção. Nossa conduta, porém, é que, seja qual for, exige tato e prudência.

"Ninguém acende uma lâmpada e a põe debaixo do velador, nem em lugar oculto, mas sim no candelabro, para que todos os que entram e saem vejam a luz."

Comparem-se Mateus (5, 15), Marcos (4, 21) e Lucas (11, 33).

O homem, quando se cristifica, torna-se luz imortal. O Cristo é a luz divina dentro do homem, é o homem mesmo em sua Essência, quer ele saiba, quer não. Mas, um dia saberá! E, quando finalmente sabe, quando toma esse sabor, quando sabe por experiência própria, sua luz crística deixa de ser meramente potencial ou escondida debaixo do velador e, fazendo-se atualizada, põe-se, então, no alto do candelabro e ilumina necessariamente a todos os que entram ou saem da casa, pois é impossível que a luz não brilhe, seja no campo quantitativo da física, seja, sobretudo, no reino qualitativo da metafísica.

A luz do Cristo é a plenitude divina, da qual todos podem receber graças e mais graças, se forem idôneos e receptivos, é sempre um convite aberto para que cada um possa cristificar-se a si mesmo.

Logion 34) Disse Jesus: Quando um cego guia outro cego, ambos cairão na cova.

Estas mesmas palavras podem ser lidas em Mateus (15, 14) e em Lucas (6, 39). Em ambos os evangelistas, os cegos são, principalmente, os guias da Sinagoga de Israel. Mas, em Tomé, como se vê, o sentido se amplia para alcançar, em primeiro lugar, os diretores espirituais, de qualquer época e em qualquer ponto do mundo, e, em segundo lugar, o homem, de forma generalizada.

Os diretores espirituais, cuja missão é orientar e conduzir destinos humanos, só poderiam lograr algum sucesso, se tivessem pleno conhecimento de sua função e, ainda, da natureza do homem e do Universo. Só poderiam facilitar a religação consciencial de outros homens com Deus, se eles mesmos já estivessem devidamente religados e em comunhão com o Pai Celeste.

Acontece, porém, que, na maioria das vezes, os líderes e chefes de nossas inúmeras organizações religiosas, de todo o mundo e em todos os tempos, acham-se pessoalmente desligados ou subjetivamente separados de Deus, isto quando não trafegam pela contramão do amor e da verdade, tornando-se hipócritas, venais, desonestos, imorais, politiqueiros e, até mesmo, violentos.

Estes são, na linguagem de Jesus, os piores cegos, porque mesmo incapazes de ver a luz, de enxergar a meta, se sentem no direito de conduzir outros homens. Ora, neste caso, condutores e conduzidos, todos igualmente cegos, só podem mesmo cair no buraco da insensatez, nas trevas da ignorância.

E, finalmente, todo e qualquer homem, que não se deixa guiar pelo Cristo Interno, é realmente cego. Se não integra o ego no Eu, então cai, ao invés de acender a níveis evolutivos superiores!...

Logion 35) Ninguém pode penetrar na casa do forte e prendê-lo, se antes não lhe ligar as mãos; só depois pode saqueár-lhe a casa.

Esta sentença de Tomé pode e deve ser compreendida e assimilada sob a luz dos Evangelhos sinóticos (Mt 12, 29; Mc 3, 27; Lc 11, 21-22).

Esses evangelistas narram um episódio em que Jesus, ao expulsar um demônio, é acusado pelos fariseus, seus adversários, de fazê-lo em nome do Diabo, de Satanás. O Mestre, então, traça um paralelo entre o forte e o mais forte, ou seja, entre o Diabo e o Cristo, mostrando-lhes que todo o seu poder lhe é dado pelo mais forte, pelo Cristo.

Mas, quem seria o Diabo?

Os Evangelhos, bem como outros livros sacros da humanidade, nos dizem que o Diabo (*opositor*, em grego), ou satanás (adversário, em hebraico), é o próprio ego humano quando, em vez de servir, quer ser servido, quando se opõe ao Cristo, quando se opõe a Deus. Pedro, o apóstolo, em dado momento, era satanás, na visão de Jesus, porque pensava como homem, ou seja, como ego, e não tinha gosto para aquilo que é de Deus (Mt 16, 23; Mc 8, 33). Judas Iscariotes, por sua vez, outro apóstolo entre os doze escolhidos, era um diabo, porque não acreditava no Cristo em Jesus (Jo 6, 70-71).

Krishna, no Bhagavad Gita (6, 5) afirma que o Eu divino é o melhor amigo do ego, mas que o ego é o pior inimigo do Eu.

Assim, portanto, não restam dúvidas: o forte, a ser sobrepujado, a ser preso, é o ego humano anticrístico, ao passo que o mais forte é o Eu divino, é o Cristo Interno, quando acordado, quando desperto, quando devidamente atualizado.

Logion 36) Disse Jesus: Não andeis preocupados da manhã até a noite, e da noite até a manhã, sobre o que haveis de vestir.

Este *logion* de Tomé reproduz, ainda que sucintamente, os textos de Mateus (6, 25-33) e de Lucas (12, 22-31). O sentido é o mesmo.

Os homens, de maneira geral, preocupam-se em demasia, de dia e de noite, de noite e de dia, com suas necessidades materiais, aqui representados pelas vestimentas, pelo vestuário.

Eles não confiam nos desígnios da Providência divina. Desconhecem o que nos diz o Cristo em Jesus. De fato, se Deus veste com tanto carinho, cuidado e desvelo, com tamanha beleza, exuberância e formosura, os lírios do campo, essas humildes florzinhas silvestres, frágeis e fugazes por natureza, como não vestiria aos homens, que lhes são infinitamente superiores na escala evolutiva, que são marcados para a perfeição, que são lótus divinos, cujo destino é o próprio paraíso?

Deus conhece todas as nossas misérias, sabe de nossas necessidades muito antes que nos ocorram. Ele nos revela, por meio do Cristo, que tudo aquilo que realmente necessitamos, para viver a vida de forma decente e digna, podemos e devemos obtê-lo de graça, bastando para tanto buscar, em primeiro lugar, o Reino de Deus e sua Justiça, e tudo o mais nos será dado de acréscimo. Em verdade, tudo já nos foi dado desde toda a eternidade. Nós, infelizmente, é que não sabemos receber, porque fechamos nossos canais de receptividade às magníficas vibrações oriundas do Infinito. O homem comum, intelectivo e profano, não sabe como o Universo funciona. Porém, quando se cristifica, ele se liga, se une à Fonte Eterna do Infinito, de onde todos os finitos emergem, sem nenhuma exceção. Daí porque, tudo quanto necessita, imediatamente lhe vem às mãos, e nada lhe pode faltar. Esse homem crístico deixa de ser egoagente para ser teoagido, transforma-se numa poderosa antena de captação do Infinito e de retransmissão desinteressada para todos os finitos. Ele trabalha intensamente, mas renuncia aos frutos do seu trabalho, trabalha por amor à função e não por apego aos resultados. A ele se aplica inteiramente o que nos disse Inácio LARRAÑAGA (*Sofrimento e Paz para uma Libertação Pessoal*. 15. ed. Petrópolis: Vozes, p. 37): "Ocupado, sim; preocupado, nunca."

O homem cristificado é um verdadeiro e autêntico embaixador de Deus no mundo!...

Logion 37) Perguntaram os discípulos a Jesus: Em que dia nos aparecerás? Em que dia te veremos? Respondeu Jesus: Se vos despojardes do vosso pudor; se, como crianças, tirardes os vossos vestidos e os colocardes sob os vossos pés, percebereis o filho do vivo – e não conhecereis temor.

Temos, neste *logion* 37, uma afirmação típica de Tomé e que, portanto, não figura nos Evangelhos Canônicos.
Que desejavam os discípulos de Jesus?
Que o Mestre lhes dissesse quando é que o seu Cristo Interno poderia aparecer visivelmente para eles. Queriam saber em que dia poderiam ter a visão do Cristo divino, manifestado pelo Nazareno.

Em resposta, o Mestre lhes deixa claro que, para verem o Cristo, seja na pessoa humana de Jesus, seja em si mesmos, eles teriam que se despojar de todo o pudor, despindo-se e pisando aos pés suas próprias vestimentas, assim como o fazem as crianças. Somente então, em completa desnudez, é que se pode ver o Cristo.

Como se percebe, mais uma vez o Mestre toma as crianças como modelos de inocência, porque lhes faltam malícia e segundas intenções. O que uma criança é, por natureza, o homem também deve ser, mas, por sabedoria e por conquista.

O homem é um espírito temporariamente encarnado, é um Eu que habita um ego, ego físico, emocional e mental.

O Eu, portanto, manifesta-se, nesta dimensão física em que vivemos, através de um ego, cuja roupagem é o corpo material, que lhe foi emprestado pela natureza com a colaboração dos respectivos pais biológicos. O objetivo fundamental dessa descida do Eu crístico, que é luz, para a penumbra da matéria, é proporcionar-lhe tensão, tentação ou resistência, sem a qual o homem não poderia evoluir espiritualmente ou evoluir bem pouco.

Ocorre, no entanto que, ao se encarnar, o espírito quase sempre esquece a sua origem divina e passa a identificar-se equivocadamente com o seu corpo e, por consequência, com todas as limitações e ilusões próprias da matéria, tornando-se, assim, incapaz de ver o Cristo. Daí a necessidade de desnudar-se desse corpo físico, bem como de outros corpos, como, o emocional e o mental. Somente então, após esse egocídio voluntário, é que pode brilhar a Luz do Cristo Interno, a Luz do mundo.

Por que uma criança não tem vergonha de desnudar-se? Porque é inocente, porque ainda não lhe aflorou a malícia própria do sexo. Nesse estágio, ela não é masculina nem feminina, é neutra. Ora, o homem em sua Essência espiritual, também não é ele nem ela, nem *masculus* nem *femina*, nem *anèr* nem *gynè*, porque simplesmente não tem sexo. Quando se despe desse corpo e de tudo o que ele representa, sobretudo, o sexo, integrando o ego no Eu, nada mais há ou pode haver para sentir pudor ou envergonhar-se.

Para esse homem cristificado tudo resplandece na incontaminável pureza da luz!...

Logion 38) Disse Jesus: Muitas vezes desejastes ouvir estas palavras que vos digo, e não achastes ninguém que vo-las pudesse dizer. Virão dias em que me procurareis e não me achareis.

A primeira parte da presente sentença deve ser entendida em conexão com os dizeres de Mateus (13, 17) e de Lucas (10, 24) e a segunda reproduz as palavras de João (7, 34).

Homens virtuosos ou de boa vontade, aos milhões, em todo

o mundo, buscam o Cristo, mas não o encontram, nem podem encontrá-lo. Mas... por quê? Ora, porque o Cristo não pode ser achado! Não dessa maneira. É verdade que o homem deve buscar o Cristo, com todas as forças, com todo o seu coração, com toda a sua mente e com toda a sua alma; deve buscá-lo com todo o seu ser e com todo o seu fazer. Porém, depois dessa busca infrutífera, deve silenciar-se completamente, amordaçar o ego físico, emocional e mental e esvaziar-se totalmente, num verdadeiro e autêntico egocídio. Aí, então, morto o egoísmo, como culto idólatra do ego, mortas as ilusões que o ego mantinha em relação a Deus, ao próximo, ao mundo e a si mesmo, finalmente o homem se abre à Verdade Libertadora.

O homem não pode achar o Cristo, porém, o Cristo pode achar o homem! Mas, para isso o homem tem que se perder, no bom sentido, como nos indica a parábola da ovelha desgarrada (Mt 18, 12-24; Lc 15, 1-7).

Nenhum homem pode achar o Cristo, mas o *Cristo sempre acha qualquer homem que se torne achável!...*

Logion 39) Disse Jesus: Os fariseus e escribas tiraram a chave do conhecimento e a ocultaram. Nem eles entraram nem permitiram entrar os que queriam entrar. Vós, porém, sede inteligentes como as serpentes e simples como as pombas.

Este *logion*, em sua primeira parte, encontra-se igualmente em Mateus (23,13) e em Lucas (11, 52). Mateus, porém, ao contrário de Tomé, não faz nenhuma conexão entre os dois textos e Lucas ignora a segunda parte.

Os escribas eram os doutores da lei. Estudavam-na, interpretavam-na e zelavam para que fosse fielmente cumprida. Eram também professores, quase sempre com muitos alunos e, geralmente ocupavam cargos de elevada importância, tanto de natureza política, como, sobretudo, de ordem religiosa. Alguns eram, inclusive, juízes do Sinédrio, a mais alta Corte jurídico-religiosa de Israel.

A maioria dos escribas tinha origem nas hostes farisaicas, razão porque fariseus e escribas estavam sempre associados e intimamente ligados. Pensavam da mesma forma, professavam as mesmas ideias. Eram dogmáticos, formalistas, ritualistas, idólatras da lei. Interpretavam-na ao pé-da-letra, da letra que fere e mata e não segundo o espírito que vivifica. Interessavam-lhes somente os cultos e os ritos externos. Eram incapazes de conhecer a *Verdade Libertadora!*

Os fariseus e escribas eram mais virtuosos do que a maioria dos homens do seu tempo. Apesar disso, no entanto, Jesus não podia aceitá-los como modelos de homem e de conduta. Em primeiro lugar, porque eram orgulhosos e presunçosos e, depois, porque eram extremamente hipócritas, ao ponto de, segundo Jesus, "coar um mosquito e engolir um camelo". (Mt 23, 24.) As obras deles eram falsas. Não cumpriam o que diziam, não praticavam o que ensinavam.

Eles possuíam a chave do conhecimento, que bem lhes poderia facilitar o ingresso no Reino dos Céus!... Entretanto, faltavam-lhes a humildade e a pureza de coração! Por isso, não entravam e ainda confundiam aqueles que queriam entrar, desviando-os do reto caminho que conduz o homem a Deus!...

Diante disso, para que não fossem enganados, Jesus aconselha os discípulos a cultivarem a *inteligência da serpente,* ao mesmo tempo que a *simplicidade da pomba.*

A *serpente* é o símbolo da inteligência, enquanto a *pomba* é o emblema da Razão crística, da intuição. Uma não deve substituir a outra, porque elas se completam. A verdadeira função da inteligência é servir à Razão, e a função da Razão é comandar a inteligência.

O Cristo convida-nos a atualizarmos nossa potencialidade racional ou intuitiva, objetivamente presente em cada um de nós. O homem que põe sua inteligência serpentina a serviço da Razão, que a verticaliza às alturas, é um homem perfeito e sem mácula. Em assim fazendo, ele substitui o velho homem adâmico do ego pelo novo homem crístico do Eu!

Logion 40) **Uma videira foi plantada fora daquilo que é do Pai; e, como não tem vitalidade, será extirpada pela raiz e perecerá.**

No presente *logion* Tomé nos deixa claro que nada no Universo pode subsistir na ausência do Uno, na ausência do Pai, na ausência de Deus. Se Deus deixasse de pensar amorosamente qualquer finito por um segundo, por um segundo esse finito desapareceria como se jamais tivesse existido. Deus é a Essência de tudo quanto existe, menos do mal, porque o mal não passa de criação do livre arbítrio de criaturas, quando mantêm uma ilusão separatista em relação ao Criador, em relação a Deus.

Quando algum homem se julga capaz de produzir frutos por si mesmo, por meio do seu ego, sem receber a vitalidade do Cristo Cósmico, que é a entidade universal, presente em todas as criaturas, então é extirpado e, segundo João (15, 11), é cortado, lançado fora e deitado ao fogo para queimar. Isto significa que, nestas condições, o homem é lançado à rubra forja dos sofrimentos, cujo fogo devorador tem como objetivo calcinar todas as suas escórias existenciais involutivas, todo o seu carma negativo acumulado, até que lhe surja um novo ciclo evolutivo e, consequentemente, uma nova oportunidade de cristificação, de ascensão.

Mas, por outro lado, os que têm vitalidade, aqueles que se conscientizam da presença do Cristo, dentro de si mesmos, aqueles que, subjetivamente, se plantam nos domínios do Pai, eles dão frutos em abundância. E passam a viver uma felicidade pura, eterna e imorredoura!...

Logion 41) Jesus disse: Aquele que tem algo na mão, esse receberá; aquele que não tem, esse até perderá o pouco que tem.

Aqui, neste *logion*, Tomé reproduz a conclusão de duas parábolas, a dos talentos (Mt 25, 14-30) e a das minas (Lc 19, 11-27). Ambas têm o mesmo significado e o mesmo propósito, ou sejam, celebrar a realidade do livre arbítrio e a sua sagrada intangibilidade.

O desfecho dessas parábolas, sintetizado na presente sentença de Tomé, indica-nos que os homens, embora iguais ao emergirem da Luminosa Essência do Infinito, iguais no âmbito qualitativo do ser, tornam-se, de fato, desiguais no plano quantitativo do ter e funcional do fazer, pois a maioria significativa da humanidade sempre esquece sua origem e sua dignidade, abusando do livre arbítrio, estagnando-se no processo evolutivo e perdendo ou minimizando, drástica, porém, temporariamente, a capacidade criativa. E, se os homens se tornam, assim, desiguais, são tratados desigualmente pelas leis cósmicas que regem o Universo. Nada mais justo!

Aquele que tem algo na mão, isto é, algum talento, algum dom, alguma vocação, tem o dever de atualizá-lo, de pô-lo em prática, de fazer com que funcione, já que o homem é uma criatura criadora e não apenas uma criatura criada! Se o faz, recebe e ainda multiplica o talento recebido. Mas, se não o fizer, e pode perfeitamente deixar de fazê-lo, em virtude da prerrogativa inarredável de seu livre arbítrio, deverá então pagar o preço correspondente ou, na linguagem esotérica de Tomé, "perderá o pouco que tem".

Seja como for, quem não exercita o seu dom, por menor que ele seja, quem não exerce a sua vocação, quem não atualiza o seu talento, além de não trabalhar conscientemente na construção da obra de Deus no mundo, ainda deixa de evoluir espiritualmente, naufragando-se nas trevas da ignorância, andando em círculos, enfim, perdendo aquele pouco que tem!...

Logion 42) Disse Jesus a seus discípulos: Sede transeuntes!

Afirmação típica de Tomé. Nada há que lhe seja semelhante nos Evangelhos Canônicos.

Neste nosso planeta, sabendo ou não sabendo, querendo ou não querendo, somos todos transeuntes, passageiros ou peregrinos. O mundo não é nossa pátria, não é nosso lar. Nada no mundo nos pertence, nem mesmo o corpo físico, no qual temporariamente habitamos. Findo um determinado prazo, que é variável, mas sempre breve, nós o devolvemos compulsoriamente à natureza, para a perpétua reciclagem da matéria. Nesta dimensão, tudo é impermanente, transitório e muito fugaz, menos o Espírito, justamente porque ele é transeunte, porque, embora, estando no mundo, não pertence ao mundo, transcende o mundo!

Jesus não nos diz, por intermédio de Tomé, que somos transeuntes, ele não nos diz o óbvio! O que ele afirma, é que devemos viver e agir conforme a consciência da *transitoriedade*, não nos permitindo o apego às coisas impermanentes e inferiores da terra, que só nos escravizam, como, por exemplo, bens de fortuna, prazeres físicos, fama, honra, poder e glória. Tudo isso desaba na incoerência e se perde, ao ser engolido pelo turbilhão ciclópico e devorador do tempo, tudo isso mergulha no esquecimento como se jamais tivesse existido!...
Tais coisas podem e devem ser utilizadas pelo homem, porém, como *meios* e jamais como um fim em si mesmas, o que seria lamentável abuso. Ora, todo e qualquer abuso retarda a marcha gloriosa do homem em busca de Deus!...

Logion 43) Disseram-lhe os discípulos: Quem es tu que nos dizes tais coisas? Respondeu-lhes ele: Pelas coisas que vos digo não conheceis quem eu sou? Vós sois como os judeus, que amam a árvore e detestam o seu fruto; ou amam o fruto e detestam a árvore.

O *logion* 43, em sua primeira parte, pode ser comparado com aquilo que nos diz João (14, 8-11) e, na segunda parte, com os dizeres de Mateus (7, 16-20. 12, 33) e de Lucas (6, 43-44).
Pelos frutos se conhece uma árvore, pela árvore se conhecem os frutos. Da mesma forma, pelo fazer ou agir se conhece o ser e pelo ser se conhece o agir. Conhecidos os atos externos, conhece-se a atitude interna que os produz e, pela atitude interna, podemos conhecer os atos exteriores. Tudo isso, no entanto, em seu conjunto, como totalidade.
É impossível conhecer um homem somente por aquilo que ele diz, mas é também pelas suas atitudes, pela sua vida e pela sua obra que realmente podemos conhecê-lo.
Infelizmente, no entanto, os homens só conhecem o agir quantitativo do ego e ignoram a dimensão qualitativa do ser. Por isso é que os judeus rejeitaram Jesus. Eles só podiam ver o Jesus humano, a aparência visível e existencial do seu ego. Eles desconheciam o Cristo divino, a dimensão invisível e essencial

do seu Eu. Até mesmo os discípulos embarcaram nesse equívoco, pelo menos até aquela memorável manhã de Pentecostes!...

Logion 44) Disse Jesus: Quem blasfemar contra o Pai receberá a graça; quem blasfemar contra o Filho receberá a graça; mas quem blasfemar contra o Espírito Santo, esse não receberá a graça nem na terra nem no céu.

Esta questão apresenta-se também nos Evangelhos sinóticos (Cf. Mt 12, 31-32; Mc 3, 28-29; Lc 12, 10).

Quem pensa erradamente que Pai, Filho e Espírito Santo sejam três pessoas da Santíssima Trindade, jamais terá acesso ao espírito que vivifica o presente *logion* de Tomé. Enquanto mantiver esse equívoco não poderá compreendê-lo.

Não há nenhuma Trindade. Pai, Filho e Espírito Santo não são três pessoas, são três funções da suprema Divindade; o Pai, na qualidade de Criador; o Filho, como Continuador; e o Espírito Santo, enquanto consumador da obra do Pai.

Contra a Divindade nenhuma blasfêmia é possível, pois a Divindade nos é eterna e absolutamente transcendente, razão porque, para nós, Ela é absolutamente incognoscível, pondo-se infinitamente fora de nosso alcance cognoscível. Sobre Ela jamais teremos noção alguma!

Em sendo assim, só podemos hipoteticamente blasfemar contra Deus: Deus-Pai, Deus-Filho e Deus-Espírito Santo.

Quem blasfemar ou pecar contra o Pai ou contra o Filho, ainda que de forma gravíssima, receberá a graça ou será perdoado, mesmo que o terrível carma negativo correspondente leve centenas ou milhares de anos para que seja plena e totalmente calcinado. Os crucificadores de Jesus, por exemplo, são perfeitamente perdoáveis! Tanto assim que o Mestre mesmo, em pessoa, pediu expressamente ao Pai (Lc 23, 34) a graça, o perdão para eles.

Pelo que se vê, não há pecado imperdoável em face do Pai nem em face do Filho.

Mas... e essa blasfêmia, esse pecado contra o Espírito Santo? Afirma Jesus que quem comete esse tipo de pecado ou blas-

fêmia não receberá a graça, não será perdoado, nem na terra nem no céu, nem hoje nem nunca, nem aqui nem alhures.
E... por quê?
Qualquer pecado, mesmo que seja impiedade ou blasfêmia, é fruto da ignorância que, por sua vez, é consequência da limitada inteligência do homem e de outras criaturas dotadas de livre arbítrio, as quais, podendo livremente escolher o bem, livremente escolhem o mal. Mas, a inteligência é inteiramente relativa e só pode oferecer ao homem uma liberdade muito imperfeita e, consequentemente, uma responsabilidade também limitada, relativa e imperfeita. Daí, a perdoabilidade de todos os pecados, de todas as blasfêmias!
Todavia, a blasfêmia contra o Espírito Santo, pelo menos em teoria, é muito diferente. Seria um pecado cometido no âmbito da Razão absoluta e não nos domínios da inteligência relativa, isto é, pecado que se faz no pleno e total conhecimento de sua natureza e de suas consequências, pecado que se pratica sob a luz da sabedoria crística, não por ignorância nem erro, mas por maldade pleniconsciente!
Mas... será que existe uma blasfêmia dessa natureza?
Em tese, sim; porém, na prática, parece que não! Realmente. Como poderia uma criatura desobedecer a Deus, no pleno uso e gozo de um conhecimento racional ou crístico, conhecimento perfeito, não só da natureza como também das consequências inevitáveis de tal desobediência? Como poderia fazê-lo, sabendo, não só na periferia intelectiva do ego, como também na centralidade racional do Eu, sabendo que o resultado imediato é a perda de sua identidade, é a desintegração total de sua individualidade? Como praticar conscientemente, estando no Reino do Logos, essa eutanásia mística, esse suicídio espiritual? Impossível!
Em conclusão, a blasfêmia contra o Espírito Santo só pode mesmo ser uma *hipótese* e não uma *realidade!*...

Logion 45) Disse Jesus: Não se colhem uvas de espinheiros, nem figos de abrolhos, que não produzem frutos. O homem bom tira coisas boas do seu tesouro; o homem mau tira coisas más do tesouro mau do seu coração, fala coisas más da abundância do seu coração.

O *logion*, em epígrafe, é continuação do anterior e acha-se igualmente presente, com algumas variações, em Mateus (7, 16-18) e Lucas (6, 43-45).

Agere sequitur esse, "o agir segue o ser", já diziam os antigos filósofos. Tal o ser tal será o fazer. O que verdadeiramente importa é o ser, porque o agir não passa de simples consequência. Atos e fatos externos, de qualquer natureza, não têm valor em si mesmos, pois dependem da atitude interna de quem os realiza, de sua atitude permanente.

Nenhum objeto fora do homem, seja um bem de fortuna, seja algum prazer para o corpo, seja qualquer tipo de ambição mental, pode ser um verdadeiro tesouro, nem mesmo todos eles juntos poderiam sê-lo. Isto porque são todos passageiros, transitórios, impermanentes e, por isso mesmo, jamais se incorporam à substância interna e eterna do homem.

Coisas boas, na visão de Jesus, não podem vir de fora, mas vêm de dentro do ser humano, do seu Eu, do Cristo Interno, de sua íntima Essência divina. Segundo Paulo de TARSO (Gl 5, 22), essas coisas boas são frutos do Espírito, a exemplo da caridade, da alegria, da paz, da paciência, da benignidade, da bondade, da fidelidade, da mansidão e da continência. As coisas más, entretanto, são aquelas, cuja origem é a periferia física, emocional e mental do ego, as quais, na opinião de Paulo (Gl 5, 19-21), são as obras da carne, entre elas a fornicação, a luxúria, a idolatria, a magia, as inimizades, as contendas, os ciúmes, a inveja, o homicídio, a embriaguez e a glutonaria.

"Onde está o teu tesouro aí também está o teu coração" – disse-nos, certa vez, o Cristo, pela boca inspirada do Mestre Jesus (Mt 6, 21).

Onde está o nosso verdadeiro tesouro? Para onde se inclinam, com toda a força e a veemência de que são capazes, as aspirações mais gritantes de nossa alma? Para onde pende decididamente o nosso coração?

Uma resposta clara, sincera e satisfatória a estas indagações deveria preceder a tudo o mais que pudéssemos pensar, fazer ou deixar de fazer, em todo o curso desta nossa jornada mundana existencial.

Se os homens assim o fizessem, certamente a maioria da

humanidade não descambaria tão facilmente para o culto idólatra da matéria e, por consequência, para a busca de riquezas e de prazeres fugazes, a qualquer custo e a qualquer preço!...

Logion 46) Disse Jesus: Desde Adão até João Batista, não há ninguém maior entre os nascidos de mulher do que João Batista, porque seus olhos não foram violados. Mas eu disse: Aquele que entre vós se tornar pequeno conhecerá o Reino e será maior do que João.

Podemos comparar este *logion* de Tomé com os textos de Mateus (11, 11) e de Lucas (7, 28).

Em nosso mundo, há, basicamente, três categorias de homens: os mundanos, os ascetas e os cristificados.

Os mundanos, por sinal a grande maioria, são homens de baixa vibração, homens-treva, homens-ausência, seres impuros, que gostam de viver em meio às impurezas. Os ascetas, por sua vez, são homens de média vibração, homens-penumbra, homens semi-ausência, seres semipuros, que amam a pureza, mas só se conservam puros a uma respeitável distância de qualquer impureza. Já os cristificados são homens de vibração superior, homens-luz, homens-presença, seres puros, que se conservam puros no meio de todas as impurezas, pois são incontamináveis.

Entre essas três classes de homens podem haver gradações inúmeras e delicadas, despontando-se, no entanto, o tipo base em cada caso. Assim, por exemplo, João Batista é um asceta de vibração superior, o maior desde Adão, entre os nascidos de mulher. Mas, ainda é menor do que o homem-luz, o homem plenamente cristificado.

Para ser um homem-luz, um homem cristificado, o ser humano tem que se tornar pequeno na dimensão quantitativa do seu ego, tem que praticar voluntariamente o egocídio, tem que perder temporariamente a vida egoica por amor ao Cristo. É assim que ele pode engrandecer-se na dimensão qualitativa do seu Eu, pode integrar sua vida em Deus e ganhá-la por toda a eternidade!...

Logion 47) Disse Jesus: O homem não pode montar em dois cavalos, nem pode tender dois arcos. O servo não pode servir a dois senhores; ou amará um e odiará outro. Nenhum homem que bebeu vinho velho deseja beber vinho novo. Não se deita vinho novo em odres velhos, com medo de que se rompam; vinho novo se deita em odres novos, para que não se perca. Não se cose um remendo velho em roupa nova, para não causar rasgão.

A primeira frase do *logion* 47 é exclusiva de Tomé. As subseqüentes reúnem no mesmo todo textos que outros evangelistas disseminaram ao longo de seus Evangelhos (Cf. Mt 6, 24; Lc 6, 13; Mt 9, 17; Mc 2, 22; Lc 5, 37-39; Mc 2, 21; Lc 5, 36).

Há, portanto, uma enorme diversidade de situações contrastantes, que nos são apresentadas por Tomé. De modo geral, entretanto, elas focalizam a necessidade de mantermos a Unidade da Essência muito acima de todas essas diversidades da existência.

Assim como não se pode montar em dois cavalos ou tender dois arcos ao mesmo tempo, o homem não pode conhecer sua unidade interna sendo-lhe infiel, agindo em desacordo com ela.

O que está em jogo é a inevitabilidade do *monismo Essencial*, que o homem deve manter a despeito de todos os pluralismos existenciais, o monismo do ser, a Unidade de dentro, que não deve contaminar-se com a pluralidade de fora, no âmbito do ter e do fazer.

Mas, como conseguir tal coisa?

Huberto ROHDEN, com a sua visão de profundidade e sua indiscutível autoridade, nos explica nos seguintes termos (*O Quinto Evangelho* 2. ed. São Paulo: Alvorada, p. 94-95):

Bebendo e inebriando-se a tal ponto do "vinho velho" da verdade divina que nenhum "vinho novo" de facticidades humanas o possam desviar do caminho reto da sua experiência profunda, a despeito de todos os ziguezagues das novidades de cada dia. O "vinho velho" do Eu divino deve eclipsar todos os "vinhos novos" do ego humano.

Mas, para que isto seja possível, deve o homem inebriar-se totalmente do espírito do vinho da Eterna Divindade, como os discípulos de Jesus no primeiro Pentecostes, chamados bêbados pelo povo ignorante. Deveras, o homem que se inebria de Deus parece ser um bêbado aos olhos do mundo, um louco aos olhos dos "sensatos" da mediocridade dominante.

Entretanto, como diz Paulo de Tarso, "a loucura de Deus é mais sábia do que a sabedoria dos homens, e a fraqueza de Deus é mais forte que a força dos homens".

Quem saboreou o vinho velho de Deus não tem desejos dos vinhos novos dos homens.

Tão grande deve ser o centripetismo convergente da unidade de nosso ser que todos os centrifuguismos divergentes da nossa diversidade de agir não eclipsem aquilo.

Lao-Tse insiste no agir pelo não-agir, no agir pelo ser.

Mahatma Gandhi foi acusado de ser incoerente na sua política com os ingleses na Índia, e respondeu: Sou incoerente – por amor à minha coerência".

O homem totalmente unificado na consciência do seu ser pode ser diversificado na vivência do seu agir, e, contudo, todos sentem a harmonia cósmica desse homem.

O profano é como argila, que não tem forma certa.

O místico é como cristal, com face e arestas rigorosamente definidas, duras e inflexíveis.

O homem cósmico é como mola de aço, dura e flexível ao mesmo tempo – inflexível unidade com flexível diversidade.

É isso mesmo! Unidade essencial no âmbito do *ser* e diversidade existencial no campo do *ter* e do *fazer*. Tal é a lei!

Logion 48) Disse Jesus: Se dois viverem em paz e harmonia na mesma casa, dirão a um monte "sai daqui!" – e ele sairá.

Mensagem semelhante vê-se também em Mateus (17, 20. 21, 22) e Marcos (11, 22-23).

O ego não ama, o ego é egoísta pela sua própria natureza. Dois egos não podem viver em paz na mesma casa. Se dois se juntarem, haverá discórdia. Com três, há guerra! Guerra de uns contra os outros e de todos contra a natureza!

Mas quando um homem consegue romper a duríssima carapaça do seu ego e penetrar corajosamente na intimidade crística do seu Eu, tudo se modifica completa e radicalmente.

Todas as formas de egoísmo, outrora presentes, nesse homem, desaparecem para sempre, e o amor resplandece em toda a sua plenitude. E nada resiste ao amor plenificado desse homem. Se dois desses homens de paz e de fé, dois homens dessa estirpe, estiverem juntos, nada lhes será impossível, até mesmo remover montanhas com um simples gesto, um aceno ou uma palavra.
Jesus proclama a onipotência do amor, alimentado pela fé, sobre todas as forças da natureza e sobre todas as potências da mente humana. O Mestre tinha pleno conhecimento do que dizia, pois todas as suas obras poderosas, como acalmar tempestades, multiplicar pães e peixes, expulsar espíritos impuros e ressuscitar mortos, eram simples consequências de sua paz, de seu amor, de sua fé!...

Logion 49) Disse Jesus: Felizes sois vós, os solitários e os eleitos, porque achareis o Reino. Sendo que vós saístes dele, a ele voltareis.

Tomé, mais uma vez, é original. Esta sentença, com efeito, não tem similar nos outros Evangelhos.
O homem comum, o homem profano, abomina a solidão, não consegue ficar sozinho, tem horror ao silêncio. Pelo contrário, aprecia festas ruidosas, espetáculos barulhentos, profusão de cores e movimentos desordenados. A massa social constitui-se desse tipo de homens, que só conhecem quantidades, que amam os prazeres fáceis, que se deixam hipnotizar pelas coisas transitórias do mundo.
Os solitários, no entanto, é que podem achar o Reino de Deus dentro de si mesmos. Eles e os eleitos!... mas, quem são os eleitos? Segundo Jean-Yves LELOUP (*O Evangelho de Tomé*. Trad. Petrópolis: Vozes, p. 128), os eleitos são aqueles que se tornam receptivos "a essa grande vaga da vida, que nos atravessa, da cabeça aos pés, do começo ao termo". Eles se fazem "Um como o Alfa e o Ômega" do Universo.
Muitos são os chamados, são os vocados, poucos, porém, são os escolhidos, são os evocados, a exemplo dos solitários e dos eleitos de Deus. Ninguém pode ser eleito por alguém ou por

um poder que lhe vem de fora, mas somente pela via de dentro, pela sua própria consciência crística interna.
Todos nós viemos do Reino de Deus, e a ele voltaremos! Mas, quando? E com quantas cicatrizes? Todos viemos do Reino, e a ele voltaremos, mas somente depois de muitas tensões, tentações e resistências vencidas! Sem esses sofrimentos não podemos alcançar o autodomínio, o autoconhecimento, a autolibertação e a autorrealização de nós mesmos.

Logion 50) Disse Jesus: Se os homens vos perguntarem donde viestes, respondei-lhes: Nós viemos da luz, lá onde ela nasce de si mesma, surge e se manifesta em sua imagem. E se vos perguntarem: Quem sois vós? Respondei-lhes: Nós somos os filhos eleitos do Pai vivo.
Se os homens vos perguntarem: Qual é o sinal do Pai em vós? Respondei: É movimento e repouso ao mesmo tempo.

Afirmações semelhantes podem ser vistas em outros livros sacros da humanidade, a exemplo do *Bhagavad Gita*, de Krishna e do *Kyballion*, de Hermes Trismegistus.

Tudo é luz, desde a luz incolor, invisível e imortal, origem comum de todas as nebulosas primitivas, passando pela luz colorida e temporária das estrelas, até a penumbra de todos os corpos existenciais do Universo.

Tudo é vibração, desde a vibração máxima da luz incolor, passando pela vibração intermediária da luz colorida, que é energia ou luz condensada, até a vibração mínima da penumbra, que é matéria ou energia congelada.

A luz incolor e invisível produz as galáxias e tudo quanto as galáxias contêm. Tudo na existência é *composto* ou constituído de átomos, e os átomos são apenas tijolinhos de luz, que constroem todas as estruturas e entidades quantitativas da existência.

Mas... E essa luz, incolor e invisível, origem e destino comum de tudo quanto existe, donde vem?

Vem de Luz Metafísica Incriada, vem da Causa Única Incausada e Causante, vem do Uno, vem de Deus, vem do Supremo Criador!...

Na linguagem de Tomé, esta é a "luz lá onde ela nasce de si mesma". É de lá que nós viemos... e é para lá que retornaremos!...

Somos lucigênitos, somos filhos da luz, somos filhos da Plenitude de Deus... Não somos filhos da vacuidade, filhos da ausência, filhos do nada, filhos do nadíssimo nada!...

Somos os eleitos do Pai Vivo, somos filhos de sua Presença, do seu Amor, da Infinita Bondade!... Somos filhos da Luz Metafísica Divina!...

Por isso é que podemos e devemos lucificar-nos, atualizando subjetivamente a presença objetiva de Deus em nós. Esta é a nossa maior e mais autêntica missão neste mundo, a de nos lucificarmos por inteiro. Precisamos iluminar o nosso corpo etérico, tornando-o puro, transparente e sem máculas; iluminar o corpo emocional, elevando nossos sentimentos e enobrecendo-os; iluminar o corpo mental, retificando todas as tortuosidades da nossa vida; e iluminar o corpo físico, lucificando-lhe cada molécula, cada célula e cada átomo. A luz divina, que nós somos, essa luz que nasce de si mesma, desintegra e elimina todas as nossas escórias existenciais involutivas!...

Temos um sinal do Pai, que está em cada um de nós: *o movimento e o repouso ao mesmo tempo*. Temos de conhecer este sinal e pô-lo em prática, correta e adequadamente.

O movimento é coisa quantitativa do ego, e o homem comum não somente o conhece, como o exagera, levando-o ao máximo, ao abuso.

Mas, e o repouso? Onde se acha o repouso, onde fica o silêncio? Onde está o repouso, capaz de dar sentido ao movimento, ao ter, ao *agir* e ao *fazer* do homem?

Uma roda, talvez nos sirva de exemplo, ainda que imperfeito. Todo o movimento está na periferia da roda, porém, toda a força que o impulsiona, lhe vem da imobilidade do eixo central. O eixo é completo repouso, ao passo que a roda é movimento.

Daí, por analogia, no que diz respeito ao homem, seus atos externos, sejam quais forem, só têm sentido, só são verdadeiramente bons, quando têm origem e são conduzidos pelo seu Eu central e crístico. Na introvisão qualitativa e crística do Eu nenhum pensamento é possível e, muito menos, necessário. A transmentalização ou metanoia, consequência do *repouso*, fruto do grande *silêncio*, consiste numa entrega espontânea e total ao Absoluto, e faz cessar no homem toda a bipolaridade existencial, com todas as tensões, e angústias correspondentes. É a grande libertação que o ser humano inexperiente e profano, ainda que *de boa vontade ou virtuoso*, nem sequer pode imaginar!...

Logion 51) Seus discípulos perguntaram: Quando virá o repouso dos mortos e em que dia virá o mundo novo?
Respondeu-lhes ele: Aquilo que vós aguardais já veio – mas vós não o conheceis.

Nada encontramos nos Evangelhos Canônicos, que corresponda ao conteúdo específico deste *logion* de Tomé.
Perguntaram os discípulos quando? Mas deveriam ter perguntado como! A indagação, tal como foi formulada, parte de um equívoco, de um engano.
A palavra repouso, no presente contexto, significa plenitude e o mundo novo é o Reino de Deus dentro do homem.
Segundo Lucas (17, 20-21), a uma pergunta dos fariseus, que queriam saber quando viria o Reino de Deus, o Mestre, então, deu-lhes a seguinte resposta: "O Reino de Deus não vem com aparato exterior, não se pode dizer: Ei-lo aqui ou acolá! O reino de Deus está dentro de vós."
De outra feita, quando a mulher samaritana indaga de Jesus onde é que deveria adorar a Deus, se, no Templo de Jerusalém, à maneira dos judeus, se, monte *Garizin*, como sempre fizeram ela e seus antepassados, o Nazareno lhe responde, não com o vocábulo onde, mas com a palavra como. Deus – disse-lhe Jesus – deve ser adorado, em Espírito e Verdade (Cf. Jo 4, 20-24). Fica implícito, porém de forma clara que, para Jesus, o onde não importa, pois qualquer lugar pode ser um altar adequado para se adorar a Deus!... Não importa igualmente o quando!...
Ao adorar-se a Deus em Espírito e Verdade, o onde do espaço e o quando do tempo se fundem no Infinito aqui e no eterno agora, na onipresença consciencial autoiluminada do homem cristificado!...

Logion 52) Disseram-lhe os discípulos: 24 profetas falaram em Israel, e todos falaram de ti.
Respondeu-lhes ele: Rejeitastes aquele que está vivo diante de vós, e falais dos mortos.

O grosso da humanidade prefere buscar Deus, ou melhor, a imagem de Deus, nos antigos papiros, nesses alfarrábios amarelados pelo tempo, a buscá-lo vivo, dentro do próprio coração. Poucos, pouquíssimos, são aqueles que procuram Deus e O descobrem na mais profunda profundeza de si mesmos, através do saneamento moral, da autopurificação e da verdadeira e autêntica meditação.

É desses equívocos que nos vêm os ritualismos vazios e cultos dogmáticos de todas as igrejas visíveis e organizações religiosas. Cultivam um Deus do passado, cultuam um Deus dos mortos. Ocorre que Deus é, acima de tudo, um Deus do presente, um Deus dos vivos, um Deus que deve ser buscado, antes de mais nada, dentro do próprio coração do homem. Esse Deus Transcendente é também um Deus Imanente, podendo e devendo, por isso mesmo, ser encontrado aqui e agora!

Daí, porque assevera Huberto ROHDEN (*O Quinto Evangelho*. 2. ed. São Paulo: Alvorada, p. 105):

> Deus se revela através de cada homem capaz de ouvir a voz dele. E tem havido através de todos os tempos e em todos os povos homens capazes de ouvirem a voz de Deus. Na vida de Mahatma Gandhi não há menos verdades inspiradas do que nos livros dos profetas de Israel. Por que renegamos o Deus dos vivos e andamos em busca de Deus dos mortos? Não está Deus além da vida e da morte?
> Nos últimos tempos, uma parte da humanidade está descobrindo Deus aqui e agora, dentro da própria alma, através da verdadeira meditação.

É verdade. Devemos meditar, pelo menos durante 30 minutos diariamente, esvaziando-nos no plano do ego, a fim de que sejamos teopreenchidos na dimensão do Eu!...

Logion 53) Perguntaram-lhe os discípulos: A circuncisão é útil ou não? Respondeu-lhes ele: Se ela fosse útil, o homem já nasceria circuncidado. A verdadeira circuncisão é espiritual, e esta é útil a todos.

Os judeus mosaistas, dogmáticos, formalistas e ritualistas ao extremo, pensavam que tudo quanto Moisés dissera, na Antiga Lei, era igualmente religioso e sagrado.

Na época de Jesus, os escribas e fariseus, encarregados de zelar pelo fiel cumprimento da lei, levaram sua interpretação literal ao radicalismo, ao fanatismo!

Muitas das prescrições e recomendações de Moisés, contidas no *Antigo Testamento*, principalmente, no *Deuteronômio*, são de higiene ou de natureza jurídica, ou de qualquer outra natureza, e nada têm que ver com princípios religiosos ou espirituais.

É o caso, por exemplo, da circuncisão (Gn 17, 9-14. 23-27; Ex 4, 24-26), cuja prática, em si, é medida de higiene e não cerimônia de ordem religiosa.

A circuncisão material não tem nenhum valor, no plano do Espírito, mas seu simbolizado espiritual pode representar saúde ou purificação ou catarse espiritual. É o que nos mostra, por exemplo, Paulo de Tarso em algumas de suas epístolas (Rm 2, 25-29; 1 Cor 7, 19; Gl 5, 6; Cl. 2, 11), ele que, mesmo sendo israelita circuncidado, não dava maior importância à circuncisão da carne, porém, a considerava extremamente relevante em sentido espiritual.

Como nos disse o Mestre, pela boca de Tomé, a circuncisão espiritual é útil a todos os homens.

Logion 54) Disse Jesus: Felizes os pobres, porque vosso é o Reino dos Céus.

Estas mesmas palavras, com algumas variações, também se encontram em Mateus (5, 3) e em Lucas (6, 20).

É com esta bem-aventurança, a felicidade daqueles que são pobres pelo Espírito, que Mateus dá início ao *Sermão da Montanha*, o mais belo e perfeito de todos os sermões pregados pelo Mestre.

Quem são eles, os pobres pelo Espírito, esses bem-aventurados que possuem o Reino dos Céus?

Com toda a certeza, pode-se dizer que não são aqueles que já nasceram materialmente pobres, menos ainda os que se tornaram pobres à revelia de sua vontade, devido a circunstâncias externas desfavoráveis.

Pobres, no sentido mais elevado da palavra, que é utilizado no presente contexto, são somente aqueles que se fizeram materialmente e externamente pobres, porque já se sentem espiritual e internamente ricos, tão ricos que só necessitam de um mínimo, em termos materiais e psicológicos, para viverem alegres, com decência e com dignidade. Possuindo ou não possuindo bens materiais, deles se desapegaram livremente, em virtude de uma profunda convicção interna. Ser pobre pelo Espírito, segundo Mateus, é desapegar-se subjetivamente dos bens e das circunstâncias, sejam psicológicas ou sejam materiais, como fama, poder, honra, glória e dinheiro. Tudo isso são quantidades externas e superficiais, que jamais se incorporam ao ser espiritual e eterno do homem. São coisas do mundo, que se desintegram no mundo, são como que acidentes de percurso na longa e dorida viagem de retorno da criatura ao seio do Criador.

Não é suficiente ao homem que ele tenha algo, ainda que esse algo seja o mundo inteiro. *Não basta ter, é preciso ser alguém!*

Somente assim, somente quando se vive despojado, quando se vive na consciência crística do Eu, despido ou desnudado, é que se consegue chegar ao Reino dos Céus!...

Logion 55) Disse Jesus: Quem não odiar seu pai e sua mãe não pode ser meu discípulo. Quem não odiar seus irmãos e suas irmãs não é digno de mim.

Afirmações semelhantes encontram-se em Mateus (10, 37-38) e em Lucas (14, 25-27).

Requer-se muita sabedoria e fortaleza moral para que alguém possa seguir o Cristo.

Estas palavras de Mateus, Lucas e Tomé são por demais ácidas e ásperas. Sua dureza diamantina tem sido motivo de escândalo e de tropeço para muitos. Alguns se revoltam e outros chegam a duvidar que o Cristo, em Jesus, as tenha realmente proferido, ele que nos mandou amar o próximo como a nós mesmos (Mc 12, 33), inclusive os inimigos (Mt 5, 44), que nos mandou cuidar do nosso irmão, com o mesmo desvelo e carinho, como se tivéssemos cuidando da pupila de nossos olhos (Tm, *logion* 25).

Não estaria havendo, portanto, uma flagrante contradição, uma incoerência total e absurda?

Entretanto, as palavras estão corretas, são precisas e são medidas! Não há incoerência nem contradição alguma. O Cristo as tem dito e repetido pela boca de seus inúmeros profetas e autoiluminados de todos os tempos e em todos os lugares, conforme se pode ver nos livros mais sagrados da humanidade. Krishna, no *Bhagavad Gita*, por exemplo, não só nos aconselha o ódio aos parentes e amigos, como nos ordena *matá-los*, a todos eles!...

Não nos esqueçamos que a posição de um homem crístico, firmemente alicerçado na Logosfera, é infinitamente superior a de qualquer um de nós que, ainda vivendo na noosfera, pensa e sente em termos bipolares, sofrendo, por isso mesmo, todas as limitações e fraquezas próprias da dualidade, apegando-se desnaturadamente a tudo o que é acessório, transitório ou impermanente.

Relações de parentesco carnal ou biológico pertencem a esse campo escorregadio e movediço. São criações passageiras ou temporárias do ego, inconsistentes e ilusórias. Elas nos escravizam, a não ser que possamos transmutá-las, a não ser que possamos amar os nossos parentes e amigos por afinidade espiritual, na dimensão vertical e qualitativa do Eu, e não por fragilidade, por carência e por querência afetiva existencial, na dimensão horizontal e quantitativa do ego. Esse amor incondicional e desinteressado é o único verdadeiro, porque pode e deve ser tributado igualmente a parentes, amigos e inimigos, sem nenhuma distinção! É o amor aos irmãos por causa da fraternidade cósmica do Universo, pelo que eles são e não por aquilo que eles fazem ou possam fazer. Ou o amor é desapegado, sem paixão, ou, de forma alguma pode ser amor. O amor liberta, enquanto a paixão só nos escraviza!

É por isso que, algumas vezes, os grandes Mestres utilizam-se de uma linguagem simbólica, hiperbólica e contundente, ao falar dos falsos amores!

Quanto a matar os parentes e amigos, segundo o *Bhagavad Gita,* de Krishna, que se vale da mais simbólica de todas as linguagens, é preciso saber e reconhecer que esses parentes e amigos: pais, avós, mestres, primos, filhos, netos, sogros, além de colegas e amigos, todos mais íntimos do que nunca, não são eles entidades individuais, de forma alguma! Tais parentes, amigos e colegas, são os loucos prazeres dos sentidos, as irresponsáveis emoções do coração e os delirantes orgulhos da mente, enfim, são as mais poderosas forças escravizantes do homem, das quais nós nos devemos libertar o quanto antes, por meio da renúncia perfeita, do total desapego e da mais profunda meditação!...

Logion 56) Disse Jesus: Quem conhece o mundo, achou um cadáver; e quem achou um cadáver, dele não é digno o mundo.

Nenhum outro evangelista abordou esta questão.

Spinosa disse que Deus é a alma do mundo e o mundo é o corpo de Deus. Mas, como a Verdade é indigesta para a maioria dos homens, sobretudo, daqueles que detêm o poder, Spinosa foi excomungado pela Sinagoga de Amsterdã e foi perseguido pelo Estado.

Deus é a alma do mundo, Deus é a alma do homem, Deus é a alma de tudo quanto existe.

A alma de Deus no homem chama-se Eu, Atmam, Logos, Verbo, Cristo. O resto é o ego, cuja expressão visível é o corpo físico.

O homem não é uma alma sem corpo e, muito menos, um corpo sem alma.

Um homem sem corpo seria um fantasma! E um corpo sem alma é sempre um cadáver!

Que pensar, então, dessas criaturas fanatizadas por corpos físicos? Que idolatram o próprio corpo e adoram o corpo de outrem? Que, na falta de tempo disponível, frequentam academias de ginásticas, ainda que nas madrugadas? Que são clientes assíduas de cirurgiões plásticos? De centros de estética? De salões

de beleza? Afinal, que fazem essas criaturas? Nada mais nada menos que tentativas de embelezar um cadáver!...
Age da mesmíssima forma todo aquele que ama o mundo, por causa do mundo! Quem conhece verdadeiramente o mundo, sabe que o mundo é um cadáver e, então, o mundo já não é mais digno desse homem. Não o é mais, porque esse homem, embora estando no mundo, não mais pertence ao mundo, ele transcende o mundo... e nada mais espera do mundo!...
Por outro lado, no entanto, tudo o mundo pode esperar desse homem!...

Logion 57) Jesus disse: O Reino do Pai é semelhante a um homem que semeou boa semente em seu campo. De noite, porém, veio seu inimigo e semeou erva má no meio da semente boa. O senhor do campo não permitiu que se arrancasse a erva má, para evitar que, arrancando esta, também fosse arrancada a erva boa. No dia da colheita se manifestará a erva má. Então será ela arrancada e queimada.

Este *logion* de Tomé resume a parábola do joio no meio do trigo, desenvolvida por Mateus (13, 24-30. 36-43) e que representa a apoteose do livre arbítrio humano e condena toda e qualquer interferência externa na condução dos destinos humanos.

Muitos filósofos, teólogos, bem como outros pensadores, têm cavado um abismo intransponível entre a *liberdade e o destino* do homem. Os advogados do livre arbítrio não aceitam o destino, enquanto os deterministas não crêem na liberdade. Todos eles, no entanto, laboram em erro, pois liberdade e destino se entrelaçam, se completam e ambos se alimentam mutuamente. *O homem é livre sempre para semear, mas não é livre para deixar de colher.* Assim, portanto, na semeadura está a gloriosa liberdade, ao passo que na colheita reside a fatalidade do destino.

Os homens, em sua grande maioria, desconhecem, infelizmente, as leis cósmicas que regem o Universo. Daí porque, mesmo imbuídos das melhores intenções, cometem erros crassos e inomináveis, verdadeiros absurdos, como, por exemplo, organizar cruzadas e inquisições e promover guerras santas contra o mal e os malvados. São tão cegos, que não percebem que estão praticando o mesmíssimo mal que desejam combater. Eles não sabem, nem querem saber, que um mal jamais pode ser combatido com outro mal, que nenhum mal pode ser invalidado com a prática de um mal semelhante ou equivalente. Por isso, outra coisa não fazem, senão combater o egoísmo dos outros, numa flagrante contradição e completo desrespeito à sagrada onipotência do livre arbítrio.

Homens há, tão ignorantes, que chegam ao cúmulo de propor a pena de morte para criminosos ditos irrecuperáveis ou para os chamados hereges impenitentes. O que lhes sobra em insipiência falta-lhes em sabedoria. Senão, vejamos: Suponhamos que pudéssemos, com pleno sucesso, condenar à morte e executar todos os homens maus que infestam o nosso planeta. Maravilha! O mundo, enfim, estaria limpo e livre de todos os malvados que, uma vez matados, estariam mortos! Sim! Mas, por outro lado, a terra ficaria repleta somente de homens bons... os bons matadores!...

Ora, se é assim que esta humanidade desnaturada pensa e age, não é de se admirar que o nosso planeta ainda seja tão primitivo e tão tenebroso!

Jesus, a exemplo de outros autoiluminados, mostra-nos a tremenda insanidade que está embutida nesta proposta de querer mudar o mundo, trafegando-se pela contramão da vida, da sabedoria, do amor e da bondade.

Os maus, representados pela erva má, pelo joio, e os bons, simbolizados pela boa semente, pelo trigo, têm todo o sacrossanto direito de continuarem no plano físico da existência, convivendo, lado a lado, até o término do presente ciclo evolutivo. Ainda mais porque, o que não é possível no plano determinista da botânica, ou seja, a conversão do joio (*lolium temutentum*, em latim; *zizánion*, em grego), no abençoado trigo, no âmbito flexível da sagrada liberdade, o fenômeno não somente é possível e desejável, como é natural e fundamentalmente necessário.

Mas... e se alguém chegar ao final deste ciclo evolutivo, sem que consiga cristificar-se? *Reencarnar-se-á* certamente em algum planeta ainda mais primitivo do que o nosso, como nos indica a parábola *das virgens sábias e das virgens tolas* (Cf. Mt 25, 1-13). Não pode ser de outro modo, porque a terra estará reservada somente para a boa semente, para o trigo. Aí, então, arrancados e expurgados do ambiente telúrico, os malvados serão queimados no fogo de suas próprias paixões negativas, até que, surgindo-lhes um novo ciclo evolutivo, possam eles reiniciar sua longa jornada de volta, fechando, dessa maneira, a imensa parábola de retorno ao seio do Pai Celeste, que é a sua origem e, portanto, o seu irresistível destino!...

Logion 58) Feliz do homem que foi submetido à prova – porque ele achou a vida.

Feliz é o homem que se submeteu à prova, que passou pelo sofrimento. Ele encontrou a Vida, a Luz, o Cristo.

Sofrer é a própria condição do homem no mundo. Todos sofrem, do berço à sepultura, sejam santos ou sejam bandidos! Viemos ao mundo justamente para sofrer, para sermos provados e testados continuamente nas tensões e tentações, nas resistências que a matéria nos oferece.

Mas, somente os aprovados é que encontram a Vida. Os reprovados se obrigam a repetir suas experiências, em novas encarnações.

Os reprovados pertencem a duas classes básicas de sofredores: aqueles que sofrem por culpa própria, por sinal a grande maioria, e os que sofrem por culpa alheia. Os sofredores por culpa própria são aqueles que caem na lei do carma e apenas colhem o que já plantaram, seja na atual existência seja, sobretudo, em encarnações anteriores. Os sofredores por culpa alheia são os que respondem solidariamente por culpas coletivas, como, por exemplo, da família, da nação e do próprio gênero humano, pois, querendo ou não, somos todos igualmente irmãos.

Aquele que sofre por culpa alheia, muito dificilmente está isento de culpas pessoais graves. As duas classes estão sempre entrelaçadas e seus membros padecem da mesma modalidade de sofrimento, que é o sofrimento negativo, o sofrimento compulsório, o sofrimento-débito, isto é, pagamentos de dívidas contraídas ou autopunições por algum tipo de culpa.

Mas, aqueles poucos sofredores, que conheceram uma nova forma de sofrimento, o sofrimento positivo, o sofrimento voluntário, o sofrimento crédito, sofrimento catártico ou libertador, ou seja, os que passaram pelas provas da dor, pelas tentações do ego e pelos testes do mundo, sem nenhuma culpa, na mais completa inocência, saindo-se plenamente vitoriosos, estes se tornam autoiluminados, cristificados, ascencionados!...
Exemplo maior é o próprio Jesus...!

Logion 59) Disse Jesus: Olhai para o Vivo, enquanto viveis, para que não morrais e desejeis ver aquele que já não podeis ver.

Este *logion* é semelhante ao que dizem Lucas (17, 22) e João (7, 33-36; 8, 21; 13, 33).

Vivo, para o Evangelho de Tomé, é o Jesus Cristificado, ao passo que *morto* é todo homem que ainda vive nas trevas dos sentidos e na penumbra da inteligência, portanto, nas dimensões quantitativas do ego.

O Jesus cristificado é o vivo por excelência. Olhar para ele, é contemplá-lo, tornando-se receptivo à luz crística que jorra generosamente de sua augusta presença e, ainda, manter a mais completa fidelidade ao Cristo, em pensamentos, sentimentos, intenções, palavras e atos.

Temos de fazê-lo, enquanto estamos vivos, ou seja, durante o presente ciclo evolutivo, tanto neste ambiente físico, como nos mundos de energia, pelos quais certamente passaremos em nossa longa jornada evolutiva. Se não nos cristificarmos durante esse período, poderemos ser excluídos do régio banquete de Deus, a exemplo do que aconteceu com as cinco virgens tolas (Cf. Mt 25, 1-13).

Logion 60) Ao entrarem na Judeia, eles viram um samaritano que carregava uma ovelha. Jesus disse a seus discípulos: Por que a carrega? Responderam eles: Para matá-la e comê-la. Disse-lhes Jesus: Enquanto a ovelha está viva, ele não a poderá comer; só depois de morta e cadáver.

Replicaram eles: De outro modo não a pode comer.
Respondeu-lhes Jesus: Procurai para vós um lugar de repouso para que não vos torneis cadáveres e sejais devorados.

Neste *logion*, Tomé retoma a temática de sentenças anteriores, especialmente as de número 7, 11 e 56.

Como vimos, o Mestre Jesus compara o mundo da matéria (*logion* 56) e o ego humano (*logion* 7) com um cadáver, ao passo que vê o mundo espiritual como um ser vivo. Se o ego, ainda não integrado no Eu, é um ser morto, é um cadáver, pode então ser devorado pelo mundo, da mesma forma que uma ovelha, estando morta, pode ser comida pelo homem. Mas, quando o homem integra o seu ego personal no Eu Crístico e Universal, ele se torna vivo e, tal como uma ovelha viva não pode ser devorada pelo ser humano, o homem vivo também não pode ser comido pelo mundo. Ao contrário, ele é que come o mundo, ou seja, harmoniza o mundo pelo poder do seu Espírito, tornando-o um lugar mais luminoso, mais decente, mais nobre e mais digno de se viver.

Todavia, para que o homem possa iluminar o mundo, pressupõe-se que já tenha iluminado a si mesmo, que já se tenha cristificado, que já saiba, por experiência própria e sem qualquer intermediário, a não ser o Cristo Interno, que "Eu e o Pai somos um" (Jo 10, 30).

Mas, como conseguir a autoiluminação? Como não virar um cadáver e ser devorado pelo mundo?

Ora, procurando um lugar de repouso, onde possa ele praticar diariamente a meditação, a oração silenciosa, o ego-esvaziamento físico, emocional e mental, a fim de ser preenchido pelas vibrações superiores, que se irradiam eternamente da majestosa sublimidade de Deus. Procurar um lugar de repouso e, portanto, criar as condições necessárias para entrar em completo silêncio auscultivo. Somente, então, é que o homem se transforma numa poderosa antena de captação do Infinito e de retransmissão desinteressada para todos os finitos!...

Logion 61) Disse Jesus: Haverá dois na mesma cama: um viverá, outro morrerá.

Replicou Salomé: Quem es tu, ó homem? Como que saído de um só? Tu que usavas a minha cama e comias à minha mesa? Respondeu Jesus: Eu vim daquele que é todo um em si; isto me foi dado por meu Pai.
Disse Salomé: Eu sou discípula tua.
Vem a propósito o dito: Quando o discípulo é vácuo, será repleto de luz; mas quando é dividido, ele será repleto de treva.

Logion profundamente hermético.

Salomé, mulher de Zebedeu e mãe dos apóstolos Tiago e João, é aquela mesma que, tempos atrás, pedira a Jesus que fizesse de seus dois filhos os primeiros ministros no Reino de Deus (Mt 20, 20-23).

Agora, entretanto, mais esclarecida e evoluída espiritualmente, ela se nos apresenta como entusiástica discípula do Nazareno; confessa-se *morada de Deus* ou na bela expressão de Jean-Yves LELOUP (*O Evangelho de Tomé*. Trad. Petrópolis: Vozes, p. 144), "uma casa para abrigar o vento, um corpo de *cristal* para manifestar a luz".

Embora tivesse contatos estreitos e assíduos com Jesus, pois o hospedava frequentemente em sua casa, Salomé ainda se surpreende com a misteriosa estatura espiritual do grande Mestre, com o Cristo divino, que iluminava a pessoa humana do meigo Rabi.

Jesus mostra-lhe que todo o seu poder, todo o poder de que dispõe, lhe vem de Deus, lhe vem do Pai, daquele que é todo uno em si mesmo. Afirma ainda que, quando somos vácuos, isto é, quando estamos vazios na dimensão quantitativa do ego, quando permanecemos em inteiro, total e completo silêncio auscultativo, nós ingressamos na unidade do Eu divino, nós nos cristificamos, nós nos transformamos em luz; porém, quando estamos divididos em nós mesmos, em nosso ego, emocional e mentalmente frustrados, fragmentados, então estamos repletos de trevas.

Por isso é que, mesmo estando na mesma casa, dois homens aparentemente iguais, no âmbito visível e exterior, podem, no entanto, ser completamente desiguais, considerando-se o interior invisível de cada um, pois um deles pode estar vivo ou cheio de luz, enquanto o outro pode estar morto ou cheio de trevas.

Logion 62) Eu revelo os meus mistérios àqueles que são idôneos para ouvi-los. O que tua mão direita fez não o saiba a tua mão esquerda.

A presente sentença pode ser vista também em Mateus (13, 10-11), Marcos (4, 10-12), Lucas (8, 9-10), e novamente Mateus (6, 3-4).

Aquilo que Tomé nos diz neste *logion* é patrimônio comum de todos os livros mais sagrados da humanidade e pode ser resumido da seguinte forma: "Quando o discípulo está pronto o Mestre sempre aparece", seja na expressão de uma mensagem escrita, seja na figura de um guru ou autoiluminado, ou seja na irresistível inspiração emanada do Cristo Interno.

O estar pronto do discípulo é condição preliminar indispensável à recepção da Verdade Libertadora! Ainda assim, cada um só poderá recebê-la conforme o grau de idoneidade receptiva que já conseguiu desenvolver. Cada um, portanto, receberá na exata medida de sua própria receptividade, de acordo com a bitola de seus canais receptivos.

Por isso mesmo, quando um homem ultrapassa os canais intelectivos da mente, quando se transmentaliza, quando ingressa na Logosfera, ele desenvolve sua introvisão, sua potencial "capax Dei", tornando-se assim receptivo à pura luz divina, aos mistérios de Deus, ao Reino dos Céus dentro de si mesmo!...

Os homens dessa estirpe não têm mais a mínima necessidade de fazer propaganda ou publicidade de suas boas ações, pois não mais esperam nenhuma recompensa ou retribuição por causa delas. Eles dão com a mão direita e escondem a esquerda, para não receber nenhuma contraprestação. Praticam boas obras, é verdade, porém incondicionalmente, desinteressadamente, sem qualquer desejo impuro de recompensa. Esses homens já não fazem propriamente o bem, eles apenas são bons, indefectivelmente bons, perfeitamente bons, bons para com os bons e igualmente bons para com os maus, sem qualquer distinção!...

Logion 63) Disse Jesus: Um homem rico tinha muitos bens. E disse: Vou aproveitar os meus bens; vou semear, plantar, colher

e encher os meus armazéns, ao ponto de não ter falta de nada. Foi isto que ele pensou em seu coração. E nesta noite ele morreu. Quem tem ouvidos para ouvir, ouça!

No *logion*, em epígrafe, Tomé reproduz, com poucas diferenças, a parábola do rico tolo, narrada por Lucas (12, 16-21).

Um homem possuidor de muitos bens, quis multiplicá-los, semeando, plantando, colhendo e enchendo seus armazéns.

Até aqui, nenhuma censura há de se fazer a esse homem rico. Ele demonstrou apenas que era seguro e previdente, agindo de forma correta contra a má sorte ou os azares da fortuna.

Acontece, porém, que todo esse empenho estava baseado numa premissa radicalmente falsa, a de que multiplicando seus bens de fortuna, seus bens materiais, acumulando riquezas para si mesmo, nada mais lhe poderia faltar, segundo pensava em seu coração.

Ora, esse homem não passa de um tolo, de um insensato. Não vê que a riqueza mundana, em todas as suas formas, é uma falácia que somente o prejudica, se ele, ao invés de possuidor tornar-se possuído e possesso daquilo que julga possuir!

A verdade é que, a riqueza em si, a posse objetiva dos bens materiais, não faz do homem rico uma criatura inidônea ou imprestável aos olhos de Deus. Não é isso. É o apego subjetivo, é a ganância, é a cobiça, é a fome do dinheiro. Quem busca, com avidez, o ter e o fazer, acaba perdendo o sentido e a direção do ser. O ter e o fazer são temporários e, na melhor das hipóteses, terminam na sepultura, como no presente caso! O ser, porém, é eterno e sempre busca dimensões mais elevadas.

Em conclusão, o homem rico de nossa parábola é um fracasso, do ponto de vista da evolução espiritual, não por ter riquezas, mas por transformá-las na suprema razão de sua vida. Enquanto não mudar radicalmente de atitude, não poderá ingressar no Paraíso!...

Logion 64) Disse Jesus: Um homem fez um banquete e, depois de tudo preparado, enviou seu servo para chamar os convidados. Este foi ter com o primeiro e lhe disse: Meu senhor te convida para o banquete. O homem respondeu: Uns negociantes me devem dinheiro; eles vêm à minha casa esta noite, e eu tenho de falar com eles; peço-te que me dispenses de comparecer ao jantar.

O servo foi ter com outro e lhe disse: Meu senhor te convidou. Este respondeu: Comprei uma casa, e marcaram um dia para mim; não tenho tempo para vir.

Foi ter com outro, dizendo: Meu senhor te convida. Este respondeu: Um amigo meu vai casar-se, e eu fui convidado para preparar a refeição; não posso atender; favor dispensar-me.

Foi ter com outro e disse: Meu senhor te convida. Este respondeu: Comprei uma vila e vou cobrar a renda; não posso comparecer; queira excusar-me.

O servo voltou e comunicou a seu senhor: Os convidados ao banquete pedem que os dispenses de comparecerem.

Disse o senhor a seu servo: Vai pelos caminhos e traze os que encontrares, para que venham ao meu banquete; mas os compradores e negociantes não entrarão nos lugares de meu Pai.

Esta parábola dos convidados ao banquete é a mesma referida por Lucas (14, 15-24), com ligeiras variações, e é também continuação de uma outra, a da festa nupcial, narrada por Mateus (22, 1-14).

Aqui, o banquete simboliza o Reino de Deus; os convidados são os homens; e quem os convida é o Cristo em Jesus.

São chamados ou evocados, em primeiro lugar, os homens de expressão, os homens do ter, os compradores e negociantes, de forma geral.

Um dos convidados excusa-se de comparecer porque, justamente na hora da festa, estará em sua casa recebendo negociantes, que deverão pagar-lhe uma dívida. Outro também não irá ao banquete *por falta de tempo,* pois comprou uma casa e precisa ir vê-la. Este nem sequer pede desculpas. Um terceiro, por sua vez, lamenta não poder comparecer, pois um amigo seu vai se casar, e ele é justamente o encarregado de preparar a refeição. Outro ainda se desculpa, porque comprou uma vila e tem que ir àquele lugar, a fim de cobrar o aluguel.

É sempre assim: Os homens de maneira geral, principalmente os ricos, os abastados, os gozadores do mundo, nunca estão prontos ou disponíveis ao chamado do Alto, porque se satisfazem consigo mesmos e com a vida mundana que estão levando. Eles ainda não sofrem a angústia metafísica das origens, não sentem a nostalgia do Infinito, não têm fome e sede de um mundo superior. Enfim, ainda não estão prontos para o banquete de Deus.

Seja como for, diante da intransigente recusa dos convidados, o Senhor do banquete mandou chamar, então, pelos caminhos do mundo, todos os que, porventura, fossem encontrados... E a busca ainda continua!...

Mas, e os convidados que não compareceram ao banquete, os compradores e negociantes, que por causa de outros amores, se recusaram ao chamado do Cristo?

Serão chamados novamente, a exemplo das virgens tolas, em um novo ciclo evolutivo!...

Logion 65) Disse ele: Um homem tinha uma vinha. Arrendou-a a uns colonos para a cultivarem, a fim de receber deles o fruto. Enviou seu servo para receber o fruto da vinha. Os colonos prenderam o servo e o espancaram a ponto de quase o matar.

O servo foi dar parte a seu senhor. Esse disse:

Talvez eles não o tenham conhecido, e enviou-lhes outro servo. Mas eles espancaram também este. Então o senhor mandou seu filho, dizendo: Talvez tenham respeito a meu filho.

Mas, como os colonos soubessem que esse era o herdeiro da vinha, prenderam-no e o mataram.

Quem ter ouvidos para ouvir, ouça!

Temos aqui, resumida e simplificada, a parábola dos *lavradores perversos* referida nos Evangelhos sinóticos (Mt 21, 33-41; Mc 12, 1-9; Lc 20, 9-16).

Os proprietários rurais de Israel, pelo menos os mais ricos, costumavam, às vezes, arrendar uma ou outra de suas fazendas. Uma das atividades mais lucrativas era a vinicultura, ou seja, a plantação de uvas e a produção de vinho.

Jesus então se vale desse símbolo tirado da agricultura,

para compor uma parábola um tanto desconhecida, porém, muito sugestiva e oportuna.

Um homem possuía uma vinha e cedeu-a em arrendamento a alguns colonos para que a cultivassem. Chegada a época de receber os rendimentos que, por contrato, lhe cabiam, enviou seu servo a fim de que os cobrasse. Mas, os colonos, ao invés de cumprirem suas obrigações, prenderam o emissário e o espancaram até quase à morte.

Como era muito paciente, o dono da vinha, partindo do princípio de que, talvez, os colonos não tivessem reconhecido seu servo, enviou-lhes outro, com a mesma incumbência. Este também foi barbaramente espancado. Resolveu, então, o proprietário mandar seu próprio filho, na esperança de que, munido com a autoridade e as credenciais do pai, fosse, finalmente, reconhecido e respeitado. Contudo, os colonos, que eram por demais ingratos e perversos, sabendo que este era o herdeiro, prenderam-no e o mataram, talvez pensando em tomar a posse definitiva da vinha, no lugar dele!

Ora, quem não vê que esta parábola é dirigida especificamente à Nação de Israel, envolvendo seus doutores da lei, seus escribas, seus sacerdotes e anciãos do povo? De fato, quantos embaixadores de Deus eles não trucidaram? Não mataram João Batista em plena época do Nazareno? E não matariam o próprio Jesus, o herdeiro, pouco tempo depois, realizando assim o aspecto mais incisivo e importante da parábola?

Logion 66) Disse Jesus: Mostrai-me a pedra angular que os arquitetos rejeitaram. Ela é a pedra angular.

Esta pequenina parábola é continuação e fechamento do *logion* anterior.

A pedra angular como símbolo material, é aquela sobre a qual repousa e se sustenta toda a estrutura, toda a firmeza e toda a segurança de um edifício. Hermínio MIRANDA (*O Evangelho Gnóstico de Tomé*. 3. ed. Niteroi: Lachâtre, p. 213) explica-nos detalhadamente o que este símbolo significa:

As antigas construções de pedra exigiam extremo cuidado

e especial competência no fechamento dos arcos e abóbadas. As pedras iam sendo assentadas umas sobre as outras, depois de devidamente reduzidas à forma desejada, até que o último espaço no ângulo superior era ocupado pela pedra-chave. Era esta a mais importante e crítica, porque suportava as demais, distribuindo com elas o peso e as resistências mútuas que suportavam o arco ou o teto. A língua francesa chama-a de *Pierre d'angle* – pedra angular, sendo idêntica a expressão inglesa *corner-stone*. É, portanto, peça indispensável ao equilíbrio e acabamento de toda a estrutura pacientemente montada. Sem ela o arco não se sustenta.

Eis, portanto o significado de pedra angular, utilizado por Jesus, como símbolo material desta parábola referida nos Evangelhos sinóticos (Mt 21, 42-43; Mc 2, 10; Lc 20, 17-18) e aqui reproduzida por Tomé. Mas, qual seria o simbolizado espiritual, qual o sentido essencial?

Tanto nos outros Evangelhos como no de Tomé e, bem assim, nos demais livros sacros da humanidade, a pedra angular é sempre o Cristo, o Cristo Cósmico que está em Jesus, está em cada um de nós e está em todos os homens sem qualquer exceção, porque o Cristo é a Razão Cósmica da Existência, a alma do Universo. Isto fica muito claro, por exemplo, na parábola da *videira e os seus ramos* (Cf. Jo 15, 1-11).

E como o Cristo tem sido rejeitado ao longo dos tempos! Rejeitado, ignorado ou incompreendido, principalmente por aqueles que se consideram seus discípulos! As nossas teologias ou ideologias religiosas quase sempre o substituem por alguma entidade externa, visível ou palpável. Alguns põem algum santo em seu lugar; outros o trocam por Maria, a mãe do Nazareno; e há aqueles, para os quais a pedra angular é a pessoa humana de Jesus, ou, pior ainda, é seu sangue derramado pela pretensa salvação da humanidade.

Pelo visto, não somente a nação do Israel rejeitou a pedra angular, rejeitou o Cristo. Ele tem sido rejeitado sistematicamente e, sobretudo, por aqueles que se dizem cristãos!...

Logion 67) Disse Jesus: Quem conhece o Universo, mas não se possui a si mesmo, esse não possui nada.

Afirmação típica de Tomé, sem paralelo nos outros Evangelhos. Quem conhece o Universo – diz-nos o Cristo em Jesus, pela boca de Tomé – mas não se conhece a si mesmo, esse não conhece nada!

O sujeito cognoscente conhece segundo o seu modo e a sua capacidade, e não conforme as características do objeto cognoscível – já afirmavam os antigos filósofos, e com toda a razão. Pitágoras (565 – 497 a.C) e Sócrates (469 – 399 a.C) são os primeiros filósofos ocidentais que conheceram a Verdadeira Libertadora e pautaram suas condutas rigorosamente de acordo com ela. Para eles, o homem só sabe verdadeiramente aquilo que ele é. *Conhecer é ser.* Assim, por exemplo, se o homem não fosse potencialmente divino e não podendo atualizar essa potencialidade, jamais poderia conhecer Deus!

Sócrates escandalizava-se ao ver que, antes dele, os chamados filósofos, certamente com a exceção de Pitágoras, perscrutavam a natureza do Universo, embora ignorassem completamente a natureza de si mesmos!

Acontece, porém, que esse absurdo ainda continua em nossos dias, em pleno século vinte e um. O contrário que é verdadeiro: somente o homem que se conhece a si mesmo conhece o Universo!

Mas para tanto, é preciso que o homem se transmentalize, que ele substitua, dentro de si mesmo, o "homo intelligens" do ego pelo "homo sapiens" do Eu, que ele se converta do velho homem adâmico para o novo homem crístico.

O processo, todavia, é muito difícil porque o conhecimento verdadeiro, o autoconhecimento, transcende todos os limites e estreitezas da mente humana. Sendo um saber realmente certo, evidente por si mesmo, e que não deixa dúvida alguma, ele não se funda em nenhum princípio de probabilidade, não é provável, simplesmente não pode ser provado! Daí, por que não pode ser transmitido, não pode ser comunicado.

Por isso mesmo, cada um de nós terá de encontrá-lo, mais cedo ou mais tarde, dentro de si mesmo, na mais profunda profundeza de si mesmo, na zero dimensão de espaço e na zero duração de tempo!...

Logion 68) Disse Jesus: **Felizes sois vós, se vos rejeitarem e odiarem. E lá onde vos tiraram e odiaram não será encontrado lugar algum.**

Há um evidente paralelismo entre este *logion* de Tomé e o que dispõem os Evangelhos de Mateus (5, 11-12) e Lucas (6, 23). Mas, que felicidade ou bem-aventurança pode existir em ser rejeitado ou odiado?

Para o homem egoico e ainda profano é isto algo absurdo e sem nenhum sentido. Parece loucura!

O ego é realmente muito frágil, mesquinho e, geralmente, sofre de ofendismo agudo ou de ofendite crônica! Assim sendo, para que alguém possa alegrar-se no sofrimento e bendizer a dor, amando aqueles que o rejeitam e o odeiam, é preciso que mude radicalmente de perspectiva, abandonando sua posição inferior egoica, ultrapassando os domínios da mente bipolar-analítica, bem como das emoções e prazeres descontrolados do coração, elevando-se, dessa maneira, às cumeeiras de sua natureza crística ou racional. Realmente. O homem que vive na intimidade qualitativa e crística do Eu Interno, não mais se contamina com as fraquezas e limitações do ego externo, físicas, emocionais e mentais. Esse homem nada mais espera do mundo, nada receia e aceita tudo, até mesmo as adversidades da natureza e a perversidade de seus semelhantes, com a mais perfeita calma e serenidade. Ele é sempre um homem feliz mesmo quando rejeitado ou odiado por seus irmãos ainda profanos e ignorantes!...

Por outro lado, no entanto, aqueles que o rejeitam e o odeiam acabam por se verem no vazio, porque, em vez de prejudicá-lo, só prejudicam a si mesmos! É verdade. A rejeição e o ódio, bem como todos os tipos de mal e de maldade, sendo negativos em si mesmos, só prejudicam realmente aqueles que os cometem.

Ah! Se os homens soubessem que o mal só faz mal para os malvados e que a grande vítima do ódio é sempre o odiento e não o odiado!...

Ah! Se os homens soubessem!...

Logion 69) Disse Jesus: Felizes no seu coração são os perseguidos, os que na verdade conhecem o Pai. Felizes são os famintos, porque o corpo dos que sabem querer será saciado.

Este *logion*, sem dúvida, é continuação do anterior. Mensagem semelhante pode ser vista em Mateus (5, 10) e Lucas (6, 22). Em face da perseguição, da dor e do sofrimento de forma geral, três atitudes são possíveis ao homem, segundo Huberto ROHDEN (*O Quinto Evangelho*. 2. ed. São Paulo: Alvorada, p. 132): *Revolta, resignação e regeneração*.

O homem comum, egoico e profano, quase sempre se revolta pois, equivocadamente, considera o sofrimento como inimigo e, assim, piora seu próprio estado, em termos de evolução espiritual.

Aquele que já avançou, pelo menos um pouquinho, dando alguns passos a mais na escala evolutiva, tolera resignadamente seus sofrimentos, sem revolta, mas sem aceitá-los, mantendo, portanto, uma atitude neutra e passiva.

Quanto ao homem crístico, que não busca o prazer nem foge da dor, este é muito diferente de todos os demais, conforme nos diz Huberto ROHDEN (ob. cit., p. 132). Vejamos:

> O homem crístico, porém, pergunta com o Mestre: "não devia eu sofrer tudo isto para assim entrar em minha glória?" Esse homem clarividente vê no sofrimento um amigo, um anjo vestido de luto, sim, mas com o sorriso da redenção nos lábios, e a esperança da imortalidade nos olhos. Não é verdade que o sofrimento como tal redima o homem, como alguns pensam. Há sofredores que se tornam piores pelo sofrimento, alguns acabam no suicídio; outros criam dentro de si um inferno de revolta e amargura. Não é o sofrimento em si que redime o homem; é a atitude que o homem assume em face do sofrimento que o modifica para melhor ou para pior.

Por fim, o Cristo em Jesus declara igualmente felizes os famintos, porque serão saciados.

Os famintos são aqueles que têm fome de uma vida além da vida, de uma vida superior e abundante. Eles, geralmente, estão enfastiados do mundo profano e de suas mediocridades.

O *logion* deixa antever que o próprio corpo desses homens se refina, se espiritualiza, se lucifica e os acompanha no processo de plenificação espiritual.

Logion 70) Jesus disse: Se fizerdes nascer em vós aquele que possuís, ele vos salvará; mas, se não possuirdes em vós a este, então sereis mortos por aquele que não possuís.

A primeira parte deste *logion* é exclusiva de Tomé, considerando os demais Evangelhos. A segunda, porém, com outra roupagem linguística, encontra-se igualmente nos sinóticos (Mt 13, 12; Mc 4, 25; Lc 8, 18; 19, 26).

O que Jesus realmente disse é o seguinte: Se fizerdes nascer em vós o Espírito, ele vos salvará; mas se não possuirdes o Espírito em vós, então sereis mortos pelo ego.

Temos aqui então a luta, a batalha, entre o Eu e o ego, entre a luz e as trevas, entre o Cristo e satan, sempre travada no interior do homem, mas com poderosos reflexos no ambiente social e na própria humanidade. Esta é a única guerra justa que existe ou pode existir em todo o Universo, pois a vitória final pertence à luz, à presença, ao Eu, ao Cristo dentro do homem. É justa porque, com a vitória do Eu, o Eu jamais elimina ou destrói o ego, pelo contrário, integra o pequeno ego em sua grandeza universal, salvando-o para toda a eternidade. É justa porque, ao final, não há nenhum vencido, mas somente vencedores!

Porém, enquanto um ser humano não chega ou não alcança a vitória final, deixando-se possuir pelo ego com o seu cortejo de fragilidade, fraquezas e limitações, ele perde ou sucumbe a inúmeras batalhas, morrendo temporariamente.

Huberto ROHDEN (ob. cit., p. 133) explica-nos, com muita propriedade, o que isto significa. Diz ele:

> Quem quiser salvar o seu ego, sacrificando o Eu, esse perderá tanto este como aquele; mas quem está disposto a perder o seu ego a fim de salvar o seu Eu, esse salvará os dois, que, no fundo, são um só. Na realidade, o ego é o próprio Eu em estado embrionário e primitivo; o ego

é para o Eu o que a semente é para a planta. Quando a semente morre, não morre a alma, a vida da semente; morre tão-somente o invólucro estreito que impedia que a vida da semente se expandisse na largueza da planta.

Precisamos então fazer nascer o Cristo em nós, pois somente o Cristo nos salvará!...

Logion 71) Disse Jesus: Destruirei esta casa, e ninguém a poderá reconstruir.

A destruição da casa da alma ou templo do Espírito é apresentada também por outros evangelistas, mas a conclusão em Tomé é diferente e, até mesmo, oposta (Cf. Mt 26, 61; Mc 14, 58; Jo 2, 19).

"Destruí este templo, e em três dias o reedificarei" – disse-nos o Mestre, segundo o testemunho de João. Mateus e Marcos, dizem o mesmo.

Pensavam os judeus que Jesus estava falando do templo de Jerusalém, quando, na verdade, ele se referia ao seu próprio corpo físico, templo de sua alma. Depois da ressurreição, tudo isso ficou muito claro na retina e na memória de todos.

Seja como for, todos os evangelistas concordam que o corpo físico do homem, templo ou santuário do seu Espírito, deve ser tratado com carinho, consideração e profundo respeito.

Não pode ser profanado nem por deficiência nem por excesso, nem por atrofia nem por hipertrofia.

A história nos mostra que alguns candidatos à santificação abusavam de seus corpos, atrofiando-os com jejuns insuportáveis, fome, sede e torturas da mais diversa natureza. Mas, o corpo nunca é culpado de coisa alguma, mesmo porque ele nunca peca, quem peca é a mente, o corpo apenas obedece!

A maioria dos homens, no entanto, abusa do próprio corpo, profanando-o por hipertrofia ou por excesso, ao satisfazer todos os seus apetites inferiores, como os prazeres da mesa e da cama, em noitadas e orgias desregradas!... Libertinagem, luxúria, glutonaria e drogas, a começar pelo fumo e pelo álcool!...

Ora, se o homem destrói assim a casa de sua alma, quem poderá reconstruí-la?...

Logion 72) Alguém disse a Jesus: Dize a meus irmãos que repartam comigo os bens de meu Pai. Respondeu Jesus: Homem, quem me constituiu partidor? E dirigindo-se a seus discípulos, disse-lhes: Será que eu sou um partidor?

Em Lucas (12, 13-14) estas palavras contidas no *logion* 72, de Tomé, servem de introito à parábola do rico tolo (12, 15-21). Aqui, porém, elas bastam por si mesmas.

Jesus é um mestre espiritual tão avançado, que seria ridículo alguém constituí-lo em juiz de contendas egoicas, motivadas por ganância ou cobiça, em partidor e repartidor de bens e ilusões materiais.

Que importa ao grande Mestre, que uma determinada quantia de matéria morta pertença a esta ou àquela pessoa, ele que não se deixa afetar por qualquer tipo de materialidade? Um autoiluminado, como Jesus, vê as coisas exatamente como elas são, e as coisas materiais, todas elas, sem nenhuma exceção, não passam de energia congelada. Desse modo, rigorosamente falando, um quilo de ouro ou de diamante, por exemplo, tem a mesma natureza e, portanto, o mesmíssimo valor de um quilo de ferro ou de barro!...

O iniciado pode até possuir ou administrar tais coisas, certamente para o bem daqueles que delas ainda necessitam, porém, como não as deseja nem lhes tem qualquer apego, nunca é possuído ou possesso de coisa alguma, que pertence a esta dimensão material ou física, em que vivemos!...

Logion 73) Disse Jesus: Grande é a messe, e poucos são os operários. Pedi pois ao Senhor que mande operários à sua messe.

Este pedido de Jesus pode ser visto igualmente em Mateus (9, 37-38) e em Lucas (10, 2).

Vivemos, neste início do século XXI, os albores de uma nova civilização planetária, a ser baseada não mais nas ilusões da matéria, mas no primado do Espírito. Estamos vivendo as dores de um parto cósmico. Nem todos resistirão. Intensifica-se a polaridade entre o Bem e o mal, tornando-se os bons melhores do que já eram... e os maus, ainda piores! Em linguagem bíblica, começou o processo de separação do joio, que está no meio do trigo (Cf. Mt 13, 24-30. 36-43).

Assistimos, de um lado, uma explosão de libertinagem e de maldades sem conta, tanto individuais como coletivas, catástrofes sem precedentes... e é apenas o começo! Mas, por outro lado, milhões e milhões de homens buscam uma evolução espiritual superior, como nunca se viu na história deste Planeta!... Há, como jamais houve, uma grande sede de espiritualidade!...

Jean-Yves LELOUP (*O Evangelho de Tomé*. Trad. Petrópolis: Vozes, p. 159) foi muito perspicaz ao comentar este *logion*. Por isso, acreditamos ser pertinente citá-lo, na íntegra, nesta oportunidade. Vejamos:

> A hora da messe chega quando os frutos estão maduros, quando o trigo dá sua espiga, a vinha suas uvas... Num sentido espiritual, trabalhar na messe e, em primeiro lugar, trabalhar para que a semente divina – depositada em cada um – possa se desenvolver plenamente e dar seu fruto de luz.
>
> O campo a ser cultivado é imenso porque todos os homens têm neles a centelha chamada a tornar-se fogo, o grão de mostarda a tornar-se um grande arbusto.
>
> Estão faltando operários, homens e mulheres, que se dediquem ao cultivo desse campo da consciência a fim de colherem o fruto do Despertar.
>
> Rogar ao Senhor para enviar operários para a sua messe é pedir a Deus sábios e profetas que lembrem aos homens o que está em ação em seu campo, o que germina e cresce na profundidade.
>
> É também pedir ao Senhor a força e a lucidez para ser o operário de seu próprio campo, conduzir a criança divina até seu pleno desenvolvimento, até o dia em que – saindo da matriz espaço-temporal – irá despertar para o Grande Dia do Incriado.

Cultivemos, portanto, a nossa força e a nossa lucidez, sejamos o paciente operário a lavrar o campo do nosso coração e da nossa consciência, a fim de que possamos alçar voos mais elevados no âmbito do Espírito, libertando-nos dessa pesada dimensão telúrica espaço-temporal e, assim, buscar o nosso Deus, buscar a eternidade e o Infinito!...

Logion 74) Disse ele: Senhor, muitos rodeiam a fonte, mas ninguém entra na fonte.

Trata-se de uma sentença típica e exclusiva de Tomé, não havendo nada que lhe seja semelhante nos outros Evangelhos.

Certa vez, ali pelo meio-dia, ao passar pela cidade de Sicar, na Samaria, Jesus, um tanto fatigado de uma longa caminhada, sentou-se junto à fonte de Jacó. Em busca de água, aproximou-se uma samaritana. Estabeleceu-se, então, entre o Mestre e a mulher um estranho diálogo, cujo ponto culminante é o seguinte:

"Tornou-lhe Jesus: Se conhecesses o dom de Deus e aquele que te diz: Dá-me de beber – pedir-lhe-ias que te desse água viva.

Senhor – replicou-lhe a mulher – não tens com que tirar e o poço é fundo. Donde tiras tu essa água viva? És acaso, maior do que nosso pai Jacó, que nos deu este poço, do qual bebeu ele mesmo, e beberam seus filhos e rebanhos?

Volveu-lhe Jesus: Quem bebe desta água tornará a ter sede; mas quem bebe da água que lhe darei não mais terá sede eternamente. A água que eu lhe darei se tornará nele uma fonte que jorra para a vida eterna." (Jo 4, 10-14).

Mas, que fonte é essa, que está dentro do homem, e jorra para a vida eterna?

Ora, *é o Cristo, o Cristo Interno*! Muitos rodeiam a fonte, andam em círculos em torno do seu ego, mas não ingressam na profundeza de si mesmos, onde se acha o Cristo, o Eu, o Logos, o Verbo, a fonte borbulhante de água viva e eterna.

Muitos sabem dessa fonte, mas quem é que bebe de suas águas? Muitas falam *do* Cristo, mas quem fala *com* ele, quem se cristifica?...

Logion 75) Disse Jesus: Muitos estão diante da porta – mas somente os solitários é que entram na sala nupcial.

Esta mensagem de Tomé não encontra similar em nenhum outro Evangelho.

O casamento é uma promessa, é um encontro, é uma estonteante alegria. Por isso, a comparação das núpcias humanas com o encontro da alma com Deus, do ego com o Eu, do homem com o Cristo, é universalmente aceita ou reconhecida. Há de existir, portanto, uma razão extremamente forte, que justifique tal ligação. Vejamos, então:

A vida é a razão de ser do Universo e deve, a todo custo, ser celebrada e, mais ainda, ser continuamente expandida e aperfeiçoada, o que – convenhamos – só é possível de dois modos: pela erótica e pela mística. A erótica é a mística da carne, ao passo que a mística é a erótica do Espírito. Mas, o que vem a ser isto?

A erótica, além de permitir ao homem um intenso e profundo prazer, se bem que fugaz ou momentâneo, faz com que de um encontro físico entre o *anèr* e a *gynè*, entre o *masculus* e a *femina*, entre o homem e a mulher, seja gerado, como consequência natural, um terceiro indivíduo. Eis o método quantitativo da multiplicação de corpos.

Porém, como tudo o que é existencial e submetido à implacável voragem do tempo, a erótica só pode produzir resultados contingentes, transitórios e precários. Por outro lado, o prazer proporcionado pela libido, esse gozo sexual, comum ao homem e aos brutos, é rápido e inconsistente, gera cansaço e pode até mesmo tornar-se amargo, seja em si mesmo, seja em suas consequências físicas, psicológicas e, principalmente, éticas. Não faltam ainda doenças letais, que o sexo, em sua dinâmica, em seu exercício, pode veicular e transmitir.

Mas, o problema central é que, na erótica, o essencial da vida jamais se realiza! O objetivo máximo e superior da vida é a imortalidade, e não existe a mínima possibilidade de uma imortalização racial ou da espécie, pois o pai não pode continuar a viver, nem sequer a sobreviver, em seus descendentes. Cada indivíduo é autônomo, é original, é único; cada homem é uma vibração de Deus, que não se repete nunca mais!

Por outro lado, é igualmente impossível um verdadeiro e autêntico encontro, que seja fecundo e fecundante, de um ego com outro ego, de um indivíduo com outro indivíduo, porquanto não cabe nenhuma integração de um finito em outro finito. Daí, dessa radical impossibilidade é que decorre, como consequência, um certo gosto amargo, uma espécie de gosto de fel que, muitas vezes, se segue à prática sexual, prática essa que, no seu começo e durante o exercício, só tinha o sabor do mel. De qualquer modo, é preciso saber que somente um tipo de integração verdadeira é possível: a de um finito no Infinito, do individual no universal!

É por tudo isso que os homens, mesmo inconscientemente, desejam celebrar suas núpcias divinas. A maioria, no entanto, mesmo estando no limiar da porta, não consegue entrar.

Afinal, pergunta e, ao mesmo tempo, responde-nos Huberto ROHDEN (*O Quinto Evangelho*. 2. ed. São Paulo: Alvorada, p. 144):

> Que é que os impede se estão diante da porta, por que não entram? Por que não se entregam ao divino Esposo? Qual o seu obstáculo?
> O seu obstáculo é a sua falta de solidão. Não são almas suficientemente solitárias. Andam mancomunadas com outros amores. Não são almas virgens, puras; estão cheias de desejos e compromissos profanos. Não são monogâmicas – vivem nas poligamias do ego.
> Os que entram na sala e celebram as suas núpcias divinas são as almas solitárias, as que disseram adeus aos amantes mundanos, que se afastaram dos ruídos da multidão, perderam de vista todos os litorais da sociedade e todas as praias dos interesses do ego, e se deixaram empolgar pelas ondas bravias dos mares de Deus.
> Todo o homem realmente espiritual verifica que a sua solidão aumenta na razão direta da sua espiritualização. O homem profano é rodeado de muitos, o iniciado é cada vez mais isolado – até que a sua solidão atinge o cume do Everest, onde a alma se encontra com Deus em total solidão e silêncio, em absoluta nudez espiritual. Nem pai nem mãe, nem filho nem filha, nem esposo nem esposa, nem amigo algum nos pode acompanhar nesse último trecho da nossa jornada à silenciosa Divindade. A alma a sós com Deus...

É verdade. Só podem entrar os solitários. Somente quem é capaz de *ser solitário com Deus* é que também consegue *ser solidário* com todas as criaturas de Deus.

Logion 76) Disse Jesus: O Reino é semelhante a um negociante que possuía um armazém. Achou uma pérola, e, sábio como era, vendeu todo o armazém, e comprou essa pérola única. Procurai também vós o tesouro imperecível, que se encontra lá onde as traças não se aproximam para comê-lo nem os vermes o destroem.

Este *logion* de Tomé, presente também em Mateus (13, 45-46) está em conexão com outros dizeres de Mateus (13, 44; 6, 19-21) e de Lucas (12, 33-34).

Nesta pequena parábola, Jesus compara o Reino de Deus dentro do homem com um negociante que, achando uma pérola lindíssima e de imenso valor, *sábio como era*, vendeu seu armazém e tudo o que nele havia; vendeu, portanto, todo o seu patrimônio, a fim de adquiri-la.

A finalidade precípua da parábola é mostrar ao homem que, quando ele se espiritualiza, quando descobre o Eu divino dentro de si mesmo, quando adquire a pérola preciosa do conhecimento crístico, passa a valer infinitamente mais do que todo o Universo dos corpos e dos bens materiais. Isto representa tamanha riqueza, que nada mais se lhe compara. Em verdade, é a "única coisa necessária" (Lc 10, 42), pois é *pura qualidade*. Tudo o mais não passa de quantidades ilusórias, que só servem para hipnotizar o ego humano, em detrimento do Eu, e desviar o ser humano de seu verdadeiro destino. Assim, procurar o Reino de Deus, dentro de si mesmo, e encontrar finalmente a *pérola única* do autoconhecimento, da autolibertação e da autorrealização, este tesouro imperecível, que as traças não corroem e os vermes não destroem, constitui para o homem a razão de ser de sua própria existência, seu único sentido, seu único objetivo, sua única meta, ainda que, para isso, tenha de sacrificar todos os prazeres e ilusões, todas as miragens e coisas inferiores desta terra!...

Logion 77) Disse Jesus: Eu sou a luz, que está acima de todos. Eu sou o "Todo". O Todo saiu de mim, e o Todo voltou a mim. Rachai a madeira – lá estou eu. Erguei a pedra – lá me achareis.

Em João (8, 22), o Cristo declara solenemente, pela boca de Jesus, que é a Luz do mundo, que é a Luz da vida.

Aqui em Tomé, ele é ainda mais claro e mais completo, ao afirmar que é a Luz, que está acima de todos, que é o próprio *Todo*, do qual tudo sai e ao qual tudo volta, que a sua presença cósmica está em todos e em tudo, até mesmo no corpo de um vermezinho dentro da madeira ou debaixo de uma pedra!

Três mil anos antes de nossa era, o Cristo em Krishna, já dizia a mesmíssima coisa. (Cf. o *Bhagavad Gita*, especialmente os capítulos 10 – Das Manifestações de Brahman no Universo; 11 – A Visão da Forma Cósmica de Brahman; e 13 – Relações entre Corpo e Alma.)

O Cristo acha-se imanente ou presente em tudo quanto existe. Todos os corpos têm o mesmo Cristo como alma ("anima", em latim), em diversos níveis de consciência, mineral, vegetal, animal inferior, homem ateu o descrente, homem teísta ou crente, e homem sábio, fiel ou vidente, acima de qualquer descrença. Somente este último é um homem cristificado!

O Cristo é pura Luz Metafísica Imaculada e, por isso mesmo, não se contamina por nenhum fenômeno quantitativo da existência, embora seja a Essência Universal de todos eles!...

João (1, 1-5), o mais místico e o mais vidente de todos os evangelistas canônicos, confirma tudo isso. Segundo ele, o Cristo Cósmico é o arquiprincípio, é a origem, o meio e o fim absolutos e eternos de todos os inícios relativos e temporários. É a Razão Cósmica da Existência, é a Alma do Universo, é o Espírito Universal que preside à organização e ao funcionamento de todos os finitos, lucificando-os e canalizando-os em busca de seu magnífico e glorioso destino, que é o retorno de tudo e de todos ao seio luminoso do Infinito!...

Logion 78) Disse Jesus: Porque saístes ao campo? Para verdes um caniço agitado pelo vento? Ou um homem vestido de roupas macias? Os reis e grandes vestem roupas macias – e eles não poderão conhecer a verdade.

Em Mateus (11, 7-11) e Lucas (7, 24-28), estas palavras, aqui enunciadas, foram ditas em consideração ao profeta e precursor do Cristo em Jesus, João Batista, um homem austero e virtuoso ao extremo, que estava apto a conhecer a verdade.

A propósito, em termos de conhecimentos, experiências e evolução espiritual, talvez seja possível classificar os homens em três categorias fundamentais: os mundanos, os ascetas e os cristificados.

Os mundanos são aqueles moloides, lesmoides ou moluscoides, que vivem ao sabor dos prazeres do momento e circunstâncias do mundo, como caniços agitados pelo vento. Eles adoram o conforto de leitos macios e de roupas delicadas e só pensam em ser servidos. São homens-lama, são homens-ausência, são homens-treva. Eles são escravos do mundo, que vivem para afirmar o mundo.

Os ascetas, por sua vez, negam tudo isto, pondo-se no extremo oposto. Eles são duros, de uma dureza diamantina, quebram-se mas não envergam, não cedem um milímetro. São homens-água, homens semiausência, homens-penumbra. Eles são fugitivos e desertores do mundo, que vivem para negar o mundo.

Nenhum desses dois grupos desenvolveu ainda a idoneidade necessária para o conhecimento da verdade, embora os ascetas estejam muito mais próximos!...

Quanto aos cristificados, aqueles que já passaram pelo caminho estreito da renúncia perfeita e pela porta apertada do desapego total, são homens-luz, são homens-presença. Eles são duros, porém, flexíveis, são duros para consigo mesmos, mas flexíveis, tendo em vista as fraquezas, as limitações e a ignorância do próximo. Eles estão no mundo, contudo, não mais pertencem ao mundo. Eles afirmam o mundo, depois de negarem o mundo.

São eles os únicos que podem conhecer a verdade em toda a sua plenitude!...

Logion 79) Uma mulher da multidão disse-lhe: **Feliz o ventre que Te gestou e os seios que Te amamentaram.**

Respondeu ele: Felizes os que ouviram o Verbo do Pai e viveram a Verdade. Porque virão dias em que direis: Feliz o ventre que não concebeu e felizes os seios que não amamentaram.

Dos evangelistas canônicos, apenas Lucas (11, 27-28) abordou, ao seu modo, a presente questão.

Vemos aqui, que uma mulher, mulher como qualquer outra que se perde na multidão, levanta sua voz para bendizer Maria, a mãe de Jesus, por conceber e amamentar um filho tão especial e tão iluminado.

O Mestre não contradiz nem faz objeções ao que acabara de ouvir, porém afirma que os verdadeiros benditos e felizes são aqueles que ouvem e praticam a divina mensagem, a mensagem de Deus, da qual ele é o Verbo encarregado de transmiti-la. Isto fica muito claro e transparente em diversas passagens dos Evangelhos, principalmente no *Sermão da Montanha* (Cf. Mt 7, 24-25; Lc 6, 47-48).

Jesus, de forma especial, bem como os autoiluminados, de maneira geral, dão pouca importância à família carnal e criadora de corpos, a pai, mãe e irmãos biológicos. Em contrapartida, interessa-lhes prioritária e profundamente a família universal, a comunhão dos santos, da qual fazem parte todos aqueles que "ouvem o Verbo do Pai e vivem a Verdade", ou seja, que cumprem a vontade de Deus, independentemente de qualquer vínculo de sangue, que se unem, não por parentesco biológico, mas por afinidade espiritual mais elevada, por causa de uma vibração superior que os anima.

As relações de parentesco carnal, por serem existenciais e terrenas, acabam perdendo-se, mais cedo ou mais tarde, ao passo que as relações por *afinidade espiritual* se projetam para toda a eternidade.

É feliz, sem dúvida, quem concebe e nutre o corpo de uma criança. Entretanto, é inconcebivelmente mais feliz ou bem-aventurado aquele que é capaz de conceber e nutrir o Cristo dentro de si mesmo. Não há como fazer analogia entre o nascimento e a nutrição no plano horizontal do ego e o nascimento pelo Espírito, no âmbito vertical, qualitativo e crístico do Eu!...

Logion 80) Disse Jesus: Quem conheceu o mundo achou o corpo. Mas quem achou o corpo, desse tal não é digno o mundo.

Este *logion*, de número 80, praticamente repete o de número 56. Embora as palavras sejam um pouco diferentes, o sentido é exatamente o mesmo.

Conhecer é o processo, por intermédio do qual o sujeito cognoscente captura ou introjeta o objeto cognoscível. Sujeito cognoscente, neste contexto, é o homem capaz de conhecer, enquanto o objeto cognoscível é tudo aquilo que pode ser conhecido...

Pois bem: Quem conhece verdadeiramente o mundo, sabe que ele não passa de uma grande ilusão. Ora, nenhuma ilusão pode ser amada e, muito menos, adorada. Por isso, o homem espiritual nunca se apaixona pelo mundo e por nada daquilo que pertence ao mundo. Ele apenas tolera o mundo! O mundo não é digno desse homem, o mundo não é digno do seu amor!...

Quanto a isso, algumas sentenças de grandes sábios são exemplares e sugestivas. Vejamos:

"O cristianismo é a afirmação do mundo que passou pela negação do mundo." – Albert SCHWEITZER.

"Abandona o mundo, depois recebe-o de volta, purificado das mãos de Deus". – Mahatma GANDHI.

"Nada o mundo pode esperar de alguém que ainda espera alguma coisa do mundo, porém, tudo o mundo pode esperar de alguém que nada mais espera do mundo." – Huberto ROHDEN.

Em conclusão, *confiemos apenas e tão-somente no Infinito, mas sem desprezar qualquer finito!*...

Logion 81) Quem ficou rico, saiba dominar-se; quem ficou poderoso, saiba renunciar.

Não basta ao homem ter algo, ainda que esse algo seja o mundo inteiro. É preciso ser alguém.

Quem vive na intimidade do ser, na profundidade do Eu, não carece de muitas coisas. O pouco de que precisa para viver decentemente e, com dignidade lhe vem sempre de graça ou por acréscimo da Fonte Inesgotável do Infinito, à qual ele se acha sempre ligado.

Na contabilidade mercenária deste mundo, regido que é pela inteligência, quase sempre egoísta, a riqueza reside no ter quantitativo, razão porque os homens geralmente desejam ficar cada vez mais ricos. Mas, na matemática cósmica dos autoiluminados, a verdadeira riqueza é qualidade emanada do eterno ser. Quem pensa ser rico pelo que tem, nada possui realmente; ao contrário, é possuído e possesso por aquilo que julga possuir. A verdadeira riqueza está no sujeito e não em objetos transitórios e fugazes, como o são todos os finitos e, que, por isso mesmo, jamais se incorporam à substância interna e eterna do homem.

O homem profano, que confunde felicidade qualitativa com fenômenos quantitativos, não sabe dominar-se, tem sempre a mania do mais. Deseja ter sempre mais e mais, ainda que seus irmãos fiquem de mãos vazias ou pereçam de fome. Nada lhe é suficiente.

Por outro lado, quem é poderoso, quem governa outros homens, tem que ser, logicamente, mais evoluído e experiente do que os governados em geral. Do contrário, sobrevém o caos, que muito bem conhecemos, ou melhor, sofremos na atualidade!

O homem de poder, o homem de governo, há de ser alguém capaz de *perfeita renúncia, pois sua missão consiste em servir* e não em ser servido.

Um homem assim poderoso, um homem de poder, poder político, religioso ou econômico, tem que ser brilhante, mas não pode ofuscar ninguém. Com os superiores há de ser altivo, mas sem servilismo, e será sempre humilde com os subordinados, sem impaciência nem arrogância.

Um homem desses, estadista, líder religioso ou empresário, deve se impor, não pelo que diz ou faz, mas pelo que ele é. Deve ter tamanha sensibilidade, ao ponto do sacrifício e da renúncia de si mesmo para o bem dos outros!...

Logion 82) Quem está perto de mim está perto da chama; quem está longe de mim está longe do Reino.

Diz-nos o Cristo, pela boca de Jesus, que quem está perto dele está perto da chama. De fato, o Cristo é a chama, o Cristo é o fogo, o Cristo é a luz.

Enquanto fogo, enquanto chama, o Cristo destrói as ilusões

que o ego humano sensório e intelectivo, ainda mantém em relação a Deus, ao mundo, aos irmãos e a si mesmo. Purifica-o de suas escórias existenciais involutivas, limpa-o de seu carma negativo. Como luz, o Cristo unge ou permeia o homem no seu todo, lucificando-o e imortalizando-o para a vida eterna. O fogo e a luz do Cristo estão eternamente presentes em todo homem, em cada ser humano. Mas, se o homem não se conscientiza dessa presença e, por isso mesmo, não lhe guarda a mais completa e total fidelidade, *o fogo não arde e a luz não brilha*. Apagado o fogo e escondida a luz, é como se não existissem. Não basta, portanto, que o Cristo seja a própria Essência de todo ser humano. É preciso, antes de tudo, que o homem se desperte para a Realidade Suprema do seu Cristo Interno. A não ser assim, *o homem fica subjetivamente longe do Cristo*, quer dizer, longe do Reino de Deus dentro de si mesmo.

Mas, quando o homem se aproxima do Cristo, do Fogo, da Chama, da Luz, seja esse homem quem for, Krishna, Buda, Jesus, Francisco de Assim, Mahatma Gandhi, Albert Schweitzer, Eurípedes Barsanulfo, Bezerra de Menezes ou qualquer outro, o mundo então se transforma e assiste a obras poderosas, a estupendas maravilhas.

E tem mais: Quem já possui combustível espiritual, ou seja, uma vida ética impoluta e irrepreensível, estando perto de um homem cristificado, facilmente se incendeia, cristificando-se também. Isto se dá, porque o Fogo, a Chama e a Luz de Cristo, entidades verticais, sublimes e metafísicas, da mesma forma que o fogo, a chama e a luz da física, também se propaga em cadeia, bastando para isso, que existam homens incendiáveis e lucificáveis, homens já em gestação crística.

Logion 83) Disse Jesus: As imagens se manifestam ao homem, e a luz que está oculta nelas – na imagem da luz do Pai – ela se revelará e sua imagem será oculta pela luz.

Este *logion* é profundamente hermético e sua interpretação parece extremamente difícil e problemática.

A tradução, em epígrafe, é de Huberto ROHDEN. A de

Jean-Yves LELOUP talvez seja um pouco mais clara. Senão, vejamos: "Disse Jesus: As imagens tornam-se manifestas ao homem, enquanto a luz que se encontra nelas está oculta. Ela manifestar-se-á no ícone da luz do Pai, e o ícone será encoberto pela luz." Raymond KUNTZMANN e Jean-Daniel BUBOIS, por sua vez, traduziram a presente sentença para o francês, cuja versão para o português, de autoria de Álvaro Cunha, é a seguinte: "Disse Jesus: As imagens se manifestam ao homem e a luz que está nelas encontra-se oculta. Na imagem da luz do Pai é que ela se desvelará, pois sua imagem está velada por sua luz."

Agora, talvez, possamos entendê-la. De qualquer modo, a interpretação se nos parece temerária, razão porque é melhor buscá-la na genialidade de Huberto ROHDEN (*O Quinto Evangelho*. 2. ed. São Paulo: Alvorada, p. 152-153):

> Este jogo entre a fonte da luz e seu reflexo na imagem vai por todos os livros sacros do oriente e do ocidente. Assim como a luz do sol se manifesta num espelho ou numa gota de orvalho, assim se manifesta o Creador em todas as creaturas.
>
> A filosofia oriental diz que *Maya* (a natureza) revela Brahman, e também o vela, do mesmo modo que a teia revela a aranha e também a vela ou encobre. De fato, toda a natureza manifesta Deus, como o efeito manifesta a causa, mas a natureza também encobre Deus, porque um efeito finito nunca pode manifestar adequadamente uma causa infinita. Certos teólogos tentam provar a existência de Deus pelas obras da natureza, recorrendo à comparação entre o artefato e o artífice, entre o relógio e o relojoeiro. Este argumento é fundamentalmente falso e ilusório. O artefato ou relógio finito revela somente uma causa finita, como o artífice ou o relojoeiro. Deus, porém, não é uma causa finita, a não ser que se considere Deus como pessoa. A natureza toda, a creação em toda a sua grandeza e amplitude não pode jamais provar a existência de uma causa Infinita. Um Deus-pessoa é necessariamente um Deus finito, um Deus finito é um pseudo-Deus, e não um Deus real. Do mundo dos fatos, escreve Einstein, não conduz nenhum caminho para o mundo dos valores; porque estes vêm de outra região.
>
> Do mundo das facticidades finitas não conduz nenhum caminho para o mundo da Realidade Infinita. A natu-

reza é apenas um predisponente preliminar para algo que não vem da natureza. As circunstâncias externas podem predispor o homem e crear ambiente propício para que ele encontre Deus em sua substância interna. Somente pela intuição espiritual da sua própria substância pode o homem ver Deus, e não pela análise intelectual das circunstâncias externas.

"Quando o discípulo está pronto, então o Mestre aparece" – quando o homem removeu de dentro de si todos os obstáculos, então Deus se revela ao homem. Não é o homem que descobre Deus, é Deus que descobre o homem, quando o homem se torna receptivo para essa revelação. A luz do Pai se revela na imagem, quando a imagem está pronta para refletir essa luz.

Embora não se possa provar um Deus Infinito pela natureza finita, contudo o místico intuitivo tem plena certeza de Deus, não por tê-lo provado, mas porque Deus se revelou a ele. Quem não tem revelação de Deus não tem certeza de Deus. Da crença há um regresso para a descrença. Mas da experiência de Deus não há regresso para a inexperiência. O homem intuitivo a quem Deus se revelou tem de Deus certeza absoluta e irrevogável. A luz de Deus transcende todas as imagens de Deus.

É isso mesmo! A natureza vela e, ao mesmo tempo, revela Deus. Esconde-o dos ignorantes e saberetas e O revela aos santos e sábios, mostrando-lhes a sua face. Tudo depende, portanto, do despertamento, do autoconhecimento, da autolibertação e da autorrealização de cada um!...

Logion 84) Disse Jesus: Quando virdes a vossa semelhança, alegrai-vos. Mas, quando virdes o vosso modelo, que desde o princípio estava em vós e nunca morrerá, nem jamais se revela plenamente – será que suportareis isto?

Quando inteligimos a nossa semelhança com o Pai Celeste, nós nos alegramos.

Mas, quando pudermos ver, por vidência direta e imediata e experiência própria, a Essência que verdadeiramente somos, será que suportaremos? (Cf. por exemplo, BhG 11, 1-55 – A Visão da Forma Cósmica de Bhahman.) Será que tamanha felicidade, que é pura qualidade e, portanto, infinitamente superior a todos os prazeres do Universo, que não passam de meras quantidades, será que tão grande felicidade não nos desintegrará?

"Ninguém pode ver Deus, face à face, e continuar vivo" – diz a *Bíblia* (Ex 33, 20). É verdade. Mas... se não estiver preparado! Então, será que suportaremos o veemente impacto da visão de Deus dentro de nós? Sim! Para isto é que estamos nos preparando há milhares de anos, talvez, milhões, talvez, bilhões!... E a preparação ainda continua... e cada vez mais intensa!...

Isaías (64, 3) e Paulo de Tarso, ao que tudo indica, suportaram muito bem, pois em momentos de êxtase místico, eles disseram: "Nem olhos viram, nem ouvidos ouviram, nem jamais penetrou em coração humano o que Deus preparou àqueles que o amam" (1 Cor 2, 9).

É!... Nem todos os prazeres do Universo, somados e multiplicados, podem ser comparados com uma só migalha dessa indescritível, indizível e impensável felicidade!...

Logion 85) Disse Jesus: Adão nasceu de um grande poder e de uma grande riqueza. Mas não era digno deles. Se deles fosse digno, não teria morrido.

Esta é uma sentença original e exclusiva de Tomé.

"Adão nasceu de um grande poder e de uma grande riqueza", pois era filho, como todos nós o somos, do Criador Cósmico Universal.

Adão foi grande, para o tempo em que viveu, quando seus irmãos estavam ainda no império tenebroso dos sentidos e não sabiam sequer de sua própria existência.

Adão não era uma criatura individual determinada, mas representa o primeiro homem, de muitos outros, que emergiram das trevas dos sentidos para a penumbra da inteligência, que, filosoficamente falando, tornaram-se habitantes da "Caverna de Platão", que, em linguagem bíblica, comeram do fruto da árvore do conhecimento do bem e do mal (Gn 2, 9.17). Adão é um símbolo, que as traduções incorretas e as falsas interpretações bíblicas transformaram numa figura mitológica, vazia e sem sentido. A própria palavra adão é muito sugestiva, pois tem origem num antiquíssimo vocábulo sânscrito, formado de *ady*, primeiro, e *ahan*, ego. Significa, portanto, o primeiro ego, ou seja, o primeiro homem emblemático que teve consciência de sua própria existência individual egoica, que se metamorfoseou de *homo sentiens* em *homo intelligens*, que se fez inteligente, atualizando sua potencialidade intelectiva, dormente havia milhares de anos!

Adão, como se vê, deu o primeiro grande passo na escalada evolutiva, mas não deu o maior de todos, o último, porque ainda não era digno, isto é, ainda não estava preparado.

Não basta ao homem ser egoico e inteligente, não basta ser adâmico. É preciso que ele consiga substituir, dentro de si mesmo, o velho homem adâmico do ego pelo novo homem crístico do Eu. Adão, como todo homem meramente intelectivo e profano, foi derrotado pelas ilusões da matéria. Entretanto, mais dia menos dia, todo homem inteligente, todo homem adâmico, transformar-se-á no homem racional e crístico, porque é nossa vocação natural transmentalizar-nos, quando, então, comeremos do fruto da árvore da sabedoria. Alguns exemplares mais avançados de nossa espécie já o conseguiram, enquanto a mediocridade da multidão coletiva continua marcando passo nos domínios intelectivos da mente... que mente despudoradamente!...

Logion 86) Disse Jesus: As raposas têm as suas cavernas; as aves têm os seus ninhos – mas o Filho do Homem não tem onde repousar a sua cabeça.

Mateus (8, 18-20) e Lucas (9, 57-58) também tratam desta questão.

A pobreza do Nazareno tem sido dramatizada por escritores, doutrinadores e oradores. Muitos homens de boa vontade, mas fracos de entendimento e emocionalmente imaturos, ainda tem dó, ainda tem pena de Jesus, o pobrezinho de Nazaré.

Mas... por que isso? Ora, porque os seres humanos, de forma geral, ainda põem a sua confiança nas quantidades do ter e não na qualidade do ser, acreditam muito mais na física do mundo do que na metafísica de Deus. Por isso, não sabem ou não acreditam que a decantada pobreza material de Jesus era inteiramente voluntária e inversamente proporcional à sua imensa e indescritível riqueza espiritual.

Um homem cristificado, como Jesus, que vive na intimidade qualitativa do ser, na profunda profundeza do Eu, realmente não necessita de muitas coisas, e o pouco de que precisa para viver com radiante alegria, decência e dignidade, sempre lhe vem de acréscimo (Mt 6, 33), lhe vem de graça, da Fonte Absoluta e Inesgotável do Infinito. Os homens mais avançados dessa estirpe não se interessam mais por coisas quantitativas, que lhes vêm de fora, como, por exemplo, fama, honra, poder, glória e dinheiro, porque sabem que tais coisas são transitórias ou impermanentes, são ilusórias e simplesmente se decompõem ou se desintegram em seus elementos constitutivos fundamentais. Podem até, se quiserem, administrá-las para o bem dos outros, mas, sem qualquer tipo de apego. O apego é barôntico e gravitacional e, por isso mesmo, sempre puxa o homem para baixo, impedindo-o de alçar voos mais elevados nas asas do Espírito.

Quem, no uso de sua consciência crística, trocaria a opulência e a onipotência do Espírito pelas misérias e pela falência da matéria?

Logion 87) Miserável o corpo que depende de outro corpo, e miserável a alma que depende desses dois.

Realmente, é muito miserável um corpo que depende de outro corpo, ou seja, um ser humano que se imagina ser o seu próprio corpo e que pensa ser feliz ou realizar-se na dualidade de desejos sexuais. O corpo vive de afeição, apego, carência e querência por um outro corpo. Isto são fragilidades, fraqueza, ilusão, doença e morte.

De fato, sexo é seção, é corte, é segmento, é fragmento, é pedaço. Sexo é apenas um meio e jamais pode ser considerado um fim em si mesmo. Sua função consiste em atuar biologicamente em seres do mundo físico, canalizando a energia genesíaca no sentido de garantir a continuidade da espécie. Sua finalidade primordial é transmitir a vida, nem mais nem menos!

Uma criança nascida dessa relação, sobretudo quando não é intencional e verdadeiramente desejada por si mesma, o que, convenhamos, é a regra geral, já traz inoculado em sua estrutura, o gérmen da carência, da querência, do apego, da paixão, da insatisfação, da alienação e da morte.

Por isso, é igualmente miserável a alma que depende desses dois corpos, o do pai e o da mãe!

Enfim, feliz ou bem-aventurada é apenas a alma que já se cristificou, que já realizou em si mesma as núpcias divinas entre o ego e o Eu, que já integrou para sempre todas as aparentes dualidades na perfeita Unidade indissolúvel e eterna!...

Logion 88) Os arautos e os profetas irão ter convosco e vos darão o que é vosso. Dai-lhes também vós o que é deles.

Dar sem esperar nenhuma recompensa é uma obrigação que nos é imposta pelas leis cósmicas que regem o Universo.

"De graça recebestes, de graça dai", esclarece-nos o Evangelho de Mateus (10, 8).

Dar incondicionalmente enriquece o doador, porque lhe abre os canais de receptividade em relação à Fonte Inesgotável do Infinito, de onde tudo vem, onde tudo está e para onde tudo volta. O homem cristificado, que sabe por experiência própria como funciona o Universo, recebe tudo quanto necessita de graça, por acréscimo, do próprio Doador Infinito, ainda que por intermédio ou através de outros finitos. O fato é que, ao doar ou dar incondicionalmente algo finito para algum irmão necessitado, ele recebe, em profusão, pura qualidade irradiada da própria majestade do Infinito, isto porque, querendo ou não, já se transformou numa poderosa antena de captação do Infinito e de retransmissão desinteressada para todos os finitos. Ele percebe, então, a presença divina em tudo quanto existe, até mesmo na música das águas, no canto dos passarinhos ou numa florzinha desprotegida à beira da estrada!...

Logion 89) Disse Jesus: Por que lavais o exterior do recipiente? Não sabeis que o mesmo que creou o interior creou também o exterior?

Esta é uma sentença que, um tanto modificada, pode ser vista igualmente em Mateus (23, 25-26) e em Lucas (11, 39-40). São palavras de profunda sabedoria. As aparências nos enganam, enganam-nos porque vemos apenas o exterior dos homens e das coisas. Que importa o exterior visível? Como podemos julgar alguém pelas suas ações, se elas são meras consequências de uma atitude interna invisível, que para nós é sempre um indevassável mistério? Confessemos com toda a sinceridade que não sabemos o porquê e o para quê dos atos que as pessoas praticam, ignoramos seus motivos, desconhecemos suas intenções. Mas, é justamente isto que decide.

O homem é o conjunto de seus ideais, ainda que não consiga realizá-los. O homem não é aquilo que parece ser. Ele é o que é!

É por isso que temos de cultivar a humildade até as últimas consequências e de exercitar a tolerância além de todos os limites. O que purifica o ser humano é a sua própria substância e não as aparências externas ou circunstâncias de qualquer natureza.

Os Evangelhos nos mostram um exemplo muito forte quanto a isso. Maria Madalena (Lc 7, 36-48), aos olhos do vulgo, era apenas uma pecadora, uma prostituta possessa de sete demônios. Mas, para Jesus era uma criatura angelical, pura e muito evoluída, uma de suas principais e mais importantes discípulas. Por quê? Ora, porque o grande Mestre, com o seu olhar crístico de profundidade, podia ver não apenas a mulher, mas a própria alma feminina, ele podia enxergar não somente o ego daquela mulher, muitas vezes devasso e devassado, mas o seu Eu sempre virgem, puro e imaculado. Jesus podia ver não somente o exterior, como também o interior de Maria Madalena. E esse interior, uma vez aflorado, era riquíssimo de amor assexuado, crístico e incondicional!...

Em conclusão, precisamos ser puros por dentro, o resto são apenas consequências!...

Logion 90) Jesus disse: Vinde a mim, porque o meu jugo é suave e o meu domínio é agradável – e achareis repouso para vós mesmos.

Dito semelhante pode ser visto em Mateus (11, 28-30).

O Cristo Cósmico nos promete, por intermédio de Jesus, aliviar-nos as dores e angústias, durante a nossa peregrinação por este mundo, durante a nossa jornada terrestre.

"Vinde a mim, porque o meu jugo é suave e o meu domínio é agradável..." Este, sem dúvida, é um convite aberto e universal, dirigido a todos os homens de todos os tempos e em todos os lugares. Todos, sem nenhuma exceção, são chamados, pois o convite é para sermos crísticos, não necessariamente para sermos cristãos. Cristão ou não, pouco importa. O que realmente importa é ser sofredor ou estar cansado e desejar muito o repouso no ideal da consciência crística.

A universalidade desse convite e dessa promessa, pressupõe, naturalmente, a onipresença crística isto é, a presença potencial do Cristo em todo e qualquer ser humano, do Cristo Interno, que está conosco todos os dias até a consumação dos séculos (Mt 28, 30). Quando o homem mergulha para dentro de si mesmo, na mais profunda profundeza de si próprio, e entra em contato direto com essa Luz divina, com esse Emanuel, com esse "Deus em nós", então o Cristo Interno, uma vez conhecido, amado e glorificado, espontaneamente o universaliza ou santifica, redimindo-o de todas as mazelas e aliviando-o de todas as dores e angústias. Por isso, qualquer criatura dotada de livre arbítrio pode e deve, a qualquer tempo e onde quer que esteja, encontrar-se com o Cristo.

Mas, não nos iludamos: o encontro com o Cristo não nos isenta de sofrer nem nos impede de carregar o fardo da existência. Apenas o sofrimento fica suave, porque o domínio do Cristo é sempre agradável. Suaviza-se o jugo, a dor, pois o homem crístico passa a viver na profundidade qualitativa do seu Eu, enquanto o sofrimento, seja qual for, físico, emocional ou mental, pela sua própria natureza, radica e só pode operar na periferia quantitativa do seu ego. Daí, essa estranha e maravilhosa imunidade do homem cristificado em face dos acontecimentos externos, sejam eles de prazer ou de dor. Esse homem nada mais deseja, nada mais teme, nada mais receia. Tudo o que antes ele não fazia, ou se o fazia, era gemendo ou sob veementes protestos, agora fá-lo cantando ou dançando, ao som da mais pura, espontânea e sorridente alegria. Ao cristificar-se, o homem transformou *o seu maldito dever num jubiloso e bendito querer.* Aquilo que antes tinha gosto de fel, agora tem o sabor do mel.

A cristificação do homem, além de transformá-lo, pode igualmente metamorfosear as coisas, pode mudar o mundo. Isto porque nós vemos o mundo como nós somos e não como o mundo é. Quando um homem muda, consequentemente tudo muda. A única forma, portanto, de melhorar o mundo consiste em homem melhorar-se a si mesmo.

Parece inacreditável! Mas, a cristificação do homem é a solução final e definitiva para o homem e para o próprio Universo!...

Logion 91) Disseram-lhe eles: Dize-nos quem és tu, para que tenhamos fé em ti.

Respondeu-lhes ele: Vós examinais o aspecto do céu e da terra e não conheceis aquele que está diante de vós. Não sabeis dar valor ao tempo presente.

Estes logia, com pequenas variações, também se encontram em Mateus (16, 1-3), e em Lucas (12, 54-56).

Desejavam os discípulos que Jesus lhes desse alguma prova de que era realmente o esperado Messias.

Ora, o Cristo no homem, seja em Krishna, em Buda, em Jesus, ou em qualquer outro ser humano, revela-se pela sua Presença e pelas obras poderosas que realiza, e não por algum tipo de argumento probatório. Mesmo porque, essa Presença é Absoluta, ao passo que só se pode provar aquilo que é relativo, o que é baseado em probabilidades. Só se pode provar o que é provável, e não o que é certo e evidente por si mesmo!...

Lamentavelmente, a situação ainda é a mesma. Nada mudou nestes dois mil anos! Os homens ilustres, grandes teólogos, eminentes filósofos, cintilantes cientistas, todos continuam sendo mestres na arte de interpretar fenômenos e fatos da existência e se orgulham por serem capazes de provar suas brilhantes teses e conclusões. Mas, por outro lado, não passam de analfabetos quanto ao verdadeiro e autêntico conhecimento, o conhecimento qualitativo da Essência, o conhecimento do Cristo, do Cristo Cósmico e do Cristo Interno, do Cristo dentro de nós. O autoconhecimento libertador se lhes escapa. São peritos nas ciências voltadas para os objetos, porém ignoram o sujeito; são especialistas em ausência, mas ignoram a Presença, são mestres da penumbra e incapazes de verem a Luz!...

Logion 92) Procurai, e achareis. O que me perguntastes nesses dias, eu não vo-lo disse; agora vo-lo digo – e não me perguntais.

A primeira frase deste logion pode ser vista também em Mateus (7, 7) e em Lucas (11, 9).

Aqui, Jesus nos alerta para que estejamos sempre vigilantes e receptivos à voz do Cristo Interno, do Cristo dentro de nós. Ele nos pode chamar a qualquer momento. As vezes, é justamente num momento inesperado que nos fala!... O homem deve buscar sua própria natureza espiritual continuamente e sem esmorecimentos. Temos de estar a postos, sempre orando e vigiando!... Temos de estar abertos e receptivos, pois só poderemos ouvir ou receber na exata medida de nossa própria receptividade!...

Para tanto, precisamos estar permanentemente preparados, em sintonia. Daí, porque a *meditação diária*, pelo menos durante 30 minutos, nos é indispensável. É ela que nos permite o ego-esvaziamento físico, emocional e mental, como condição preliminar para que possamos ouvir a voz do cristo, para que possamos ser preenchidos pela plenitude divina.

Como assevera Huberto ROHDEN (*O Quinto Evangelho*. 2. ed. São Paulo: Alvorada, p. 163-164), "há momentos imprevisíveis em que o Cristo Interno fala sem ser perguntado; e há momentos em que não responde a nenhuma das nossas perguntas".

Por isso é que temos de manter os nossos canais desobstruídos, sempre abertos e receptivos, independentemente de quaisquer circunstâncias favoráveis ou desfavoráveis!...

O Evangelho de Tomé – um caminho para Deus

Logion 93) Não deis as coisas puras aos cães, para que não as arrastem ao lodo. Nem lanceis as pérolas aos porcos, para que não as conspurquem.

O mesmo ensinamento constante deste *logion* encontra-se também em Mateus (7, 6).

Jesus é o meigo Rabi da Galiléia, mas, acima de tudo, é um grande Mestre espiritual e, por isso mesmo, diz sempre a verdade, por mais dura que ela seja.

"Não deis as coisas puras aos cães (...) Nem lanceis as pérolas aos porcos..."

Cães e porcos, na velha concepção dos judeus, eram os seres mais imundos que existem, e, como tais, desprezados ao extremo. No presente contexto, eles simbolizam ou representam duas classes de homens, ambas inimigas da Verdade e do Espírito, quais sejam, a dos hereges impenitentes e dos zombadores arrogantes.

O Mestre adverte severa e duramente os discípulos, mostrando-lhes que é insensato e, até mesmo, contraproducente querer forçar o ingresso no Reino da Verdade Libertadora de quem ainda não se encontra preparado.

Grandes revelações só podem ser feitas a alguém que esteja pronto, que já possua idoneidade receptiva suficiente para recebê-las, e não de forma indiscriminada, sob pena de colhermos apenas debochas, desprezo e zombarias, isto quando não nos expomos inutilmente à violência e à morte. Vivemos em meio a lobos, razão porque é preciso saber onde, quando e como agir, usando criteriosamente não só a simplicidade da pomba, como também a sagacidade da serpente, conforme nos aconselham os autoiluminados (Cf. por exemplo, Mt 10, 16 e o BhG 18, 67-69).

Além disso, não podemos censurar ninguém. Seria inútil! Repreender os ignorantes, por causa de sua insensatez, é o mesmo que censurar um cego pela sua incapacidade de enxergar.

Que ninguém pense, no entanto, que as dificuldades com que nos defrontamos, por maiores que sejam, nos eximem de proclamar, do alto dos telhados, a Verdade a todas as criaturas de Deus. Não mesmo! De modo algum! O dever subsiste, persiste e é exigente. Apenas se requer o cuidado e a delicadeza de medir e dosar a força e o conteúdo da mensagem, dando a cada um conforme o grau de sua receptividade, a cada qual o que ele consegue e pode assimilar. Nenhuma criatura dotada de livre arbítrio, por mais atrasada que esteja na escala da evolução espiritual, é indigna dos nossos esforços, do nosso carinho e de toda a nossa atenção. O procedimento, porém, seja qual for, exige sabedoria, tato e muita prudência.

Logion 94) Quem procura achará, a quem bate abrir-se-lhe-á.

O conteúdo deste *logion* pode ser visto também em Mateus (7, 7-11) e em Lucas (11, 9-13).

Jesus é um homem cristificado e, como tal, não mente jamais! Aqui ele nos diz categoricamente que quem procura, acha, e a quem bate, a porta se lhe abre. Todavia, para isso é preciso que tenhamos fé em nosso Pai Celeste, que saibamos, com a mais plena certeza, que a busca não pode falhar, porque a Fonte é necessariamente ilimitada e infinitamente generosa.

Mas... isto ainda não basta, se não nos conhecermos em nossa natureza e ignorarmos a constituição do Universo. Nenhum pedido, por exemplo pode ser satisfeito e nenhuma busca será coroada de êxito, se forem manifestamente contrários à nossa própria evolução espiritual, que é a nossa razão de ser, e a razão de nossa estada no mundo.

A verdade, no entanto, é que tudo aquilo que existe de bom e que, porventura, pedimos a Deus, em nossas orações, já nos foi dado desde toda a eternidade, estando à nossa inteira disposição. Desse modo, o procurar, o buscar, o bater, não é uma verdadeira causa daquilo que estamos buscando, mas é uma pura e simples condição. O bater, o pedir, o buscar não passam de condição, porque a causa é e só pode ser Deus, na qualidade de Causa Única, Incausada e Causante de tudo aquilo que pedimos e certamente vamos receber. Deus sempre nos abre, quando batemos; sempre nos provê, quando procuramos; e sempre nos dá, quando pedimos. Porém, se nada disso acontece, é apenas porque ainda não sabemos receber. De fato, só podemos receber na exata medida de nossa receptividade, por causa da invencível e inarredável faculdade do nosso livre arbítrio!...

No fundo, tudo quanto podemos buscar e pedir, em oração, é o alargamento dos nossos canais de receptividade, que são incrivelmente plásticos e elásticos, pela sua própria natureza. É nesse sentido que quem procura, acha; e quem bate, vê sempre as portas se abrirem.

A graça de Deus, exatamente por ser graça, está sempre presente ao homem, ainda que potencialmente. Contudo, de que adianta ao ser humano essa presença objetiva da graça se ele continuar subjetivamente ausente dela e, por isso mesmo, sem condição de recebê-la? Devemos, portanto, conscientizar-nos subjetivamente da presença objetiva de Deus em nós, ligarmo-nos à Fonte de toda a existência, e tudo o mais nos será dado de acréscimo.

Quanto a essa possibilidade, parece que há, neste mundo, três classes distintas de homens: os que não batem, não buscam, não pedem, porque ainda não passam de autômatos passivos e inertes; os que batem, buscam e pedem, com orgulho, arrogância e autossuficiência, confiando tão-somente em seu ego físico, emocional e mental; e aqueles que batem, buscam e pedem, com humildade, reverência e consciência, esvaziando-se do seu ego humano e criando, dentro de si mesmos, uma atitude de receptividade, um vórtice de sucção, às magníficas vibrações irradiadas do Infinito.

Os homens da *primeira* categoria acima citada, não recebem; os da *segunda*, embora incapazes de captar os verdadeiros dons divinos, podem, quando muito, receber conforme a acanhada bitola do seu ego; ao passo que somente os homens cristificados, os da *terceira* categoria apontada é que são suficientemente idôneos para receber, em inteiro, completo e total silêncio, a veemência, a força, a graça e a Plenitude de Deus!...

Logion 95) Quando tendes dinheiro, não o empresteis contra juros, mas dai-o a quem não vo-lo possa restituir.

Esta sentença de Tomé com algumas diferenças de somenos importância, apresenta-se igualmente em Mateus (5, 42) e em Lucas (6, 30).

Na aritmética quantitativa do ego, receber é a própria lei da existência. Por isso, quanto mais o ego recebe tanto mais deseja receber. É assim que ele se enriquece, acumulando e armazenando bens de fortuna, teres e haveres de qualquer natureza. O ego, por ser carente, querente, limitado e frágil, precisa cada vez mais dessas escoras materiais e muletas psicológicas, a fim de viver com satisfação e segurança. "O ego, como diz Huberto ROHDEN (*O Quinto Evangelho*. 2. ed. São Paulo: Alvorada, p. 167), só conhece um ganhar para si, que é um perder para os outros."
Na matemática qualitativa do Eu, entretanto, todo esse processo se inverte. O ganhar do Eu não é um perder para quem que seja, pois, estando ligado à Fonte Inesgotável do Infinito, ele recebe *de graça*, por acréscimo, tudo quanto necessita para uma vida decente e digna. As próprias leis cósmicas que regem o Universo põem a natureza a serviço do homem cristificado, que lhe provê as necessidades básicas, seja por si mesma, seja através de outros homens.

Eis que o homem espiritual pode e deve trabalhar intensamente e, ao mesmo tempo, renunciar aos frutos do seu trabalho, trabalhar por amor à função e sem esperar qualquer retribuição ou recompensa!...

Logion 96) O Reino do Pai é semelhante a uma mulher que tomou um pouco de fermento, misturou-o com a massa e fez dela grandes pães.
Quem tem ouvidos para ouvir, ouça.

Segundo Mateus (13, 33) e Lucas (13, 20-21), o fermento foi posto em três medidas de farinha. Tomé, entretanto, não determina a quantidade. O significado, porém, é exatamente o mesmo.

Um pouco de fermento numa certa quantidade de farinha ou de massa... Nada mais simples! e, no entanto, um processo invisível, belo e misterioso, produz ali um autêntico milagre.

O espetáculo, considerado do ponto de vista físico, a operar no âmbito do símbolo material é, até certo ponto, um tanto comum e pouco complexo. Dá-se em virtude de certos seres vivos unicelulares, microscópicos e invisíveis, denominados fungos, e, que, ao penetrarem na compacta massa de farinha, dividem-se e se multiplicam espantosamente, decompondo quimicamente a massa e arejando-a por meio de enormes quantidades de gás carbônico paulatinamente liberadas. Com isso, a massa cresce, triplica de volume e torna-se muito fofa. Quando levada ao forno, resulta em pães grandes, porosos, macios, facilmente assimiláveis e de excelente sabor.

Quanto ao simbolizado espiritual, isto é, no que concerne ao aspecto metafísico desta pequenina, poética e bela parábola, a coisa é muito mais profunda, mais misteriosa e mais sugestiva do que se possa imaginar.

Em primeiro lugar, é de se perguntar, qual o propósito ou a finalidade do sagrado fermento do Reino de Deus, uma vez lançado na massa profana da humanidade? E como será que o processo funciona?

Huberto ROHDEN (*Jesus Nazareno*.V 1. 2. ed. São Paulo: Alvorada, p. 157), brilhantemente nos esclarece, nos seguintes termos:

> O Evangelho não é um engenhoso sistema filosófico, como o de Aristóteles ou de Platão; os seus arautos não são cintilantes oradores, como Demóstenes e Cícero; o poder natural do reino de Deus não se compara com o império dos Césares; a sua riqueza nada tem de comum com os tesouros de Alexandria; não dispõe de formidáveis legiões para enviá-las à conquista do mundo, com grande fragor e estardalhaço de armas. Não, Jesus dispõe apenas de uma dúzia de apóstolos, sem dinheiro nem prestígio social, nem preparo nem eloqüência... Mas, que importa? A doutrina do Nazareno é um fermento, que irá penetrando, lenta, mas, seguramente, toda a massa do império romano e o mundo inteiro; e todas as pessoas e todos os povos, que não opuserem resistência à ação da levedura evangélica, acabarão por se transformar em massa nova e pão saboroso.
> O que decide não é a quantidade, mas, sim, a qualidade.

Em segundo lugar, no que tange ao homem propriamente dito, como exemplar concreto de sua espécie, ou individualmente considerado, não há dúvida de que as três medidas de farinha representam as três dimensões do ego, física, emocional e mental, enquanto o fermento é o Eu crístico, que se expande, permeia e lucifica o homem no seu todo, envolvendo, portanto, a tríplice dimensão de sua potencialidade. E quando um único homem, a exemplo de Krishna, Buda, Jesus, Francisco de Assis, Mahatma Gandhi, Bezerra de Menezes ou Pietro Ubaldi, permite que o fermento do Eu divino cristifique assim o seu ego humano, o mundo assiste a verdadeiros prodígios. Um homem dessa estirpe, dessa têmpera e dessa qualidade, ao tornar-se cristicamente sábio e, por isso mesmo, incondicionalmente bom, embora sozinho, vale mais para a humanidade e para o mundo do que legiões inteiras de cientistas, de filósofos e de teólogos, quando, distantes ainda do reino qualitativo do ser, só podem operar no mundo quantitativo do ter e meramente funcional do fazer.

Realmente, o que vale é a qualidade e não uma existência inteira de meras quantidades!...

Logion 97) Disse Jesus: O Reino é semelhante a uma mulher que levava por um longo caminho uma vasilha cheia de farinha. Pelo caminho, uma alça da vasilha quebrou e a farinha se espalhou atrás dela sem que ela o percebesse; e por isto não se afligiu. Chegada em casa, ela colocou a vasilha no chão – e achou-a vazia.

Esta pequena parábola é muito hermética e não consta de nenhum outro Evangelho.

Uma mulher transitava por um longo caminho, ao que tudo indica, o caminho da jornada terrestre. Vinha de longe, do mundo da espiritualidade, cheia de planos e plena de entusiasmo. Trazia na bagagem ensinamentos de ordem superior, para aplicá-los corretamente em sua vida e em seu mundo. Estava preparada. Aprendera grandes, importantes e decisivas verdades.

Mas... ao transitar pelo mundo, ao voltar para casa, para o âmbito do Infinito, encontrou-se com muita gente e com interesses da mais diversa natureza, distraiu-se, divagou pelos amores poligâmicos da existência, *esqueceu o foco e a razão de ser da própria existência*. Passou a espalhar aos quatro ventos tudo quanto aprendera, tudo quanto soubera.

Em vez de procurar um lugar de sossego ou repouso, em bus-

ca de pelo menos 30 minutos de concentração interior ou meditação diária, em vez de ruminar conhecimentos e concentrá-los no coração, em vez de verticalizá-los às alturas, deixou que tudo isso se derramasse pela horizontalidade quantitativa da existência!...
Por isso, ao retornar à sua dimensão, percebeu, amargurada e triste, que nada de proveitoso ou verdadeiramente valioso, havia conquistado!... percebeu que estava vazia!... Nada de novo lhe havia incorporado à substância interna e eterna!...

Logion 98) Disse Jesus: O Reino do Pai é semelhante a um homem que quis matar um poderoso. Em sua casa desembainhou a espada e a enterrou na parede para certificar-se de que a sua mãe era assaz forte. Depois foi matar o poderoso.

É mais uma sentença de Tomé, que não existe nos outros Evangelhos. Todavia, acha-se presente no *Bhagavad Gita* (2, 1-72), de forma muito mais completa e desenvolvida.
Quem é o poderoso? E o mais poderoso? Quem e quais são eles?
Quem mata o poderoso é o mais poderoso!
Na visão de Jesus, poderoso é Satan, o adversário, o opositor, ao passo que o mais poderoso é o Cristo, o Cristo Interno, o Cristo dentro do homem.
O Eu divino, o Cristo Interno, o Cristo no homem, deve matar o poderoso, isto é, deve matar o ego periférico do ser humano, o ego físico, emocional e mental, eliminando assim todos os equívocos e ilusões que o ego vem cultivando a séculos e milênios.
O poderoso sempre se faz representar pela libertinagem e pelos prazeres dos sentidos, pelas loucas emoções do coração e pelos famigerados orgulhos da mente. Todos esses nossos amigos nos acompanham há milhares de anos e nos ajudaram a construir *a nossa identidade, a nossa individualidade egoica*. Mas agora, que já cumpriram o seu papel na criação do velho homem adâmico, terão de ser derrotados e postos na retaguarda para servirem ao novo homem crístico do Eu. Não podem continuar na vanguarda e serem servidos.

Daí, a urgente necessidade de se derrotar o ego, de matar o egoísmo. E, ao vencer o ego, o Eu crístico, em verdade, não o mata, pelo contrário, integra-o em sua própria dimensão superior e universal, salvando-o para toda a eternidade!

Só existe uma guerra justa em todo o Universo, e é esta, a guerra do Eu contra o ego, justamente porque, com a vitória final do Eu, já não há mais nenhum vencido, mas somente vencedores!

Até lá, no entanto, a batalha será extremamente árdua! É preciso preparar-se com afinco. Antes de sair a campo, ou seja, antes de embrenhar-se na vida social dos homens, com todas as suas espertezas, ambiguidades, perversidades e contradições, é necessário exercitar-se, em casa, concentrando-se e meditando profundamente, a fim de adquirir forças imprescindíveis à vitória sobre o poderoso, o adversário, o opositor do Eu!...

Logion 99) Seus discípulos lhe disseram: Teus irmãos e tua mãe estão lá fora.
Respondeu-lhes ele. Os que, nesses lugares, fazem a vontade de meu Pai são meus irmãos e minha mãe, e são eles que entrarão no Reino de meu Pai.

A passagem, em epígrafe, também está nos sinóticos (Cf. Mt 12, 46-50; Mc e, 31-35; Lc 8, 19-21).

Os grandes mestres espirituais, como Jesus, dão pouca importância à família terrena, a família carnal. Porém, interessa-lhes profundamente a família universal, a comunhão dos santos, da qual fazem parte todos aqueles que fazem a vontade do Pai, independentemente de qualquer vínculo de sangue. É a afinidade espiritual, por intermédio da alma, que constitui a verdadeira família dos autoiluminados, a família dos iniciados. Os livros sacros da humanidade são unânimes neste sentido.

Aquele que descobre, por meio do Cristo, esta família universal, acaba por renunciar espontaneamente aos bens materiais desnecessários, como também desprende-se gradativamente e necessariamente das querências e carências afetivas comuns e temporárias, graças a uma sabedoria e a uma vivência superiores. Para Jesus, por exemplo, somente um ser cristificado ou em vias de cristificação, e, portanto, integrado na mesma e única consciência universal, lhe é, ao mesmo tempo, irmão e mãe. A família divina projeta-se para toda a eternidade. Tudo o mais, por ser existencial e terreno, não passa de ilusões ou aparências que, mais cedo ou mais tarde, se desfazem, perdendo-se no turbilhão devorador, na implacável voragem do tempo.

Jesus, dada a sua elevadíssima cristificação, demonstra um desapego igualmente elevado à sua parentela sanguínea, fruto e consequência de um equilíbrio e uma proporcionalidade correspondente. A verdade é que o Filho do Homem nunca chegou a considerar nem José nem Maria como pai e como mãe, no sentido comum que tais palavras evocam ou indicam. Alicerçado firmemente no Infinito e tendo, desde muito cedo, a consciência nítida de que "eu e o Pai somos um" (Jo 10, 30), sabia Jesus por vivência própria e imediata, que ele e todas as demais criaturas dotadas de livre arbítrio eram igualmente irmãs na mesma e única fraternidade cósmica do Universo!...

Logion 100) Mostraram a Jesus um pedaço de ouro e disseram: Os agentes de César exigem de nós o pagamento do imposto.
Respondeu ele: Dai a César o que é de César, e dai a Deus o que é de Deus – e dai a mim o que é meu.

A questão do tributo, com algumas pequenas diferenças, foi abordada igualmente pelos sinóticos (Mt 22, 15-22; Mc 12, 13-17; Lc 20, 20-26). Entretanto, a última frase de Tomé lhe é exclusiva.

Todo israelita estava obrigado a pagar tributo ao invasor romano. Por isso, certo dia, os discípulos de Jesus informaram-lhe que os agentes de César batiam-lhes à porta.

E agora? Qual seria a atitude do Mestre? Se mandasse pagar o imposto, justificaria a opressão romana, tanto a dominação política sobre o Estado Judeu, como o pesado domínio econômico sobre a Nação. Mas, por outro lado, se proibisse o pagamento, seria considerado um perigoso subversivo aos olhos de Roma. Os romanos eram até muito tolerantes em relação às colônias e povos subjugados, não, porém, em matéria de tributos, os quais eram sempre instituídos, cobrados e inapelavelmente pagos. Afinal, quem sustentaria a vida luxuosa e desregrada de suas elites? E quem manteria a pesada e caríssima máquina de guerra romana?

O Mestre, no entanto, com sua sabedoria crística, respondeu-lhes: "Dai a César o que é de César, e dai a Deus o que é de deus – e dai a mim o que é meu."

Jesus realmente é um homem de visão integral: Reconhece que se deve dar ao mundo o que é do mundo, a Deus o que é de Deus, e ao Cristo, o que naturalmente lhe pertence!...

Logion 101) Quem não abandona seu pai e sua mãe, como eu, não pode ser meu discípulo. E quem não amar a seu Pai e a sua Mãe, como eu, esse não pode ser meu discípulo; porque minha mãe me gerou, mas minha Mãe verdadeira me deu a vida.

Este *logion*, que é um corolário do de número 55, é também uma versão um tanto modificada de Mateus (10, 37; 12, 30) e de Lucas (11, 23; 14, 26).

O discípulo do Cristo ama a todos os irmãos, ama-os na mesma fraternidade cósmica do Universo, ama-os, pelo que eles são em Essência, e não pelo que fazem ou possam fazer em sua existência. O discípulo do Cristo tem muito mais amor ao Eu divino do que ao ego humano.

Parece estranho o fato de Jesus, neste contexto, chamar o Criador de *Mãe*, em vez de Pai, ao contrário do que estamos acostumados a ver nos Evangelhos Canônicos. Se Tomé realmente viveu na Índia, como dizem, então não há nada estranho, pois, na linguagem oriental, é muito comum o tratamento de Mãe em relação a Deus.

Em verdade, Deus não é propriamente Pai nem Mãe, não como categorias disjuntivas. Também não é a síntese dos dois. Deus não é ele nem ela, não é bissexual nem hermafrodita. Deus acha-se infinitamente acima de todas as bipolaridades da existência. Deus não é nenhuma tese a que se pode contrapor uma antítese, de cujo confronto se possa sacar uma síntese. Deus é a Pré-tese infinita e eternamente anterior e posterior a todas as teses, antíteses e sínteses quantitativas existenciais. Sob esse aspecto, Deus é absolutamente inominável!...

Logion 102) Disse Jesus: Ai dos fariseus! Eles se parecem com um cão deitado no cocho dos bois; não come nem deixa os bois comerem.

Esta sentença reproduz, em outra forma, o *logion* de número 39. É também referida, com algumas modificações em Mateus (23, 13) e em Lucas (11, 52).

Os fariseus tornaram-se famosos, no curso da História, como exemplo de hipocrisia e desonestidade. Eles não faziam o que diziam, e podiam ser tão falsos, ao ponto de, segundo Jesus, "coar um mosquito e engolir um camelo" (Mt 23, 24).

É verdade que mantinham um padrão de virtudes superior ao padrão médio da coletividade, mas nada disso lhes adiantava nem servia de consolo àqueles que privavam de sua companhia e amizade. Pelo contrário: Tudo isso criava e desenvolvia na personalidade dos fariseus um lamentável complexo de heroísmo e virtuosidade. A simples virtude, como temos visto, não basta, não resolve os problemas espirituais do homem, pois, é coisa do ego. Um homem, de fato, pode ser virtuoso e fazer o bem, como pode ser vicioso e fazer o mal, mas em ambos os casos, continua sendo o mesmo e velho ego egoísta que é e sempre foi.

Os fariseus, egoístas como eram, ao praticarem o bem, faziam-no sempre motivados por um desejo impuro de reciprocidade, de recompensa, de retribuição. Ora, isto não se pode manter por muito tempo. Daí, as escapadas, o trafegar pela contramão do amor; daí, o desprezo aos irmãos mais frágeis na escalada evolutiva; daí, trancarem o conhecimento e os ensinamentos aos que verdadeiramente necessitavam.

O Mestre tem toda a razão: os fariseus não buscavam o Pai Celeste e ainda impediam os outros de buscá-Lo, desviando-os do caminho reto em direção a Deus!...

Diante desse quadro dorido, que fere nossas retinas, temos, por mais que nos doa, de abandonar essa pirotecnia do nosso ego fogueteiro, essa megalomania farisaica de fazer propaganda de nós mesmos, espalhando aos quatro ventos mossas pretensas virtudes, enquanto as más ações, nós as trancamos a sete chaves, ao mesmo tempo que levamos à praça pública os erros, os vícios e os pecados dos outros, verdadeiros ou não.

Já é tempo de sabermos: Viemos ao mundo para servir a Deus, servir a Deus em Deus, servir a Deus no próximo e servir a Deus na natureza!...

Eliminemos, portanto, de uma vez por todas, essa desnaturada mentalidade farisaica!...

Logion 103) Disse Jesus: Feliz do homem que sabe por onde penetram os ladrões! Assim pode erguer-se, reunir forças e estar alerta e pronto antes que eles venham.

Este *logion*, com ligeiras variações, encontra-se também em Mateus (24, 43).

Quanto mais se aproximava o momento de sua transição para dimensões superiores e, consequentemente, a hora de deixar seus discípulos, tanto mais o Mestre os admoestava, lembrando-lhes da necessidade fundamental de estarem sempre *alertas e vigilantes*. Afinal, nossa verdadeira pátria é o mundo imaterial e luminoso do Espírito. O mundo tenebroso da matéria nos é apenas um estágio, um campo de imigração temporária, em que somos tentados e sofremos por alguns decênios, no intuito de adquirir experiência evolutiva.

Ora, se estamos aqui, nesta dimensão física que nos é adversa, justamente para aprender com as tensões, tentações e resistências que a própria adversidade nos oferece, então não nos apeguemos desnaturada e fanaticamente à coisa alguma que lhe pertença. Podemos, é verdade, usar moderadamente as coisas que são do mundo, mas não devemos jamais apegar-nos a elas, porque isso é abuso!

Devemos manter-nos sempre vigilantes e em constante oração! A propósito, diz-nos Huberto ROHDEN (*O Quinto Evangelho*. 2. ed. São Paulo: Alvorada, p. 176-177):

Saber, estar em pé, estar alerta, estar armado – tudo isto se refere ao autoconhecimento do homem. O homem profano não sabe, não está em pé, não está alerta, não está armado contra a invasão dos ladrões em plena noite. A fortaleza humana tem cinco portas externas, os sentidos, mais três janelas internas, intelecto, imaginação, memória. Cada uma dessas aberturas para o mundo do ego externo pode servir de ponto de invasão. Quem não põe sentinelas vigilantes em cada um desses pontos vulneráveis são está seguro contra uma invasão de ladrões. Vigiai e orai! É a advertência constante dos Mestres. Inevitável é a tentação. Até Jesus foi conduzido ao deserto pelo espírito a fim de ser tentado. Não há nada de mal na tentação. O mal está em sucumbir à tentação. Por isto oramos: não nos deixeis cair (quando estivermos) em tentação. A encarnação do nosso espírito num corpo material é necessária para evolução do nosso Eu divino. Mas, como a nossa alma é dotada de criatividade ou livre arbítrio, compete-lhe aproveitar-se dessa resistência para superar os obstáculos e não deixar-se superar por eles. A vida terrestre não é uma punição, mas um teste e um desafio para evolvemos e nos autorrealizarmos.

Conforme a nossa teologia, de natureza medieval, Jesus sofreu para redimir a humanidade de suas faltas, de seus débitos e pecados. Entretanto, o próprio Jesus não concorda com isso! Segundo ele, a razão suprema de sua encarnação é entrar na eterna glória do Cristo, ou seja, cristificar-se mais do que antes de submeter-se voluntariamente à flagelação, à dor, ao sofrimento e à morte (Cf. Lc 24, 13-32). Ora, cada homem, ao seu próprio modo, terá de fazer o mesmo!...

Logion 104) Disseram-lhe: Vinde, vamos hoje orar e jejuar. Respondeu Jesus: Que falta cometi eu, em que ponto sucumbi? Mas, quando o esposo sair do seu tálamo nupcial, então oraremos e jejuaremos.

Neste *logion*, também referido nos Evangelhos sinóticos (Mt 9, 14-15; Mc 2, 18-20; Lc 5, 33-35), alguns homens convidam Jesus para orar e jejuar. O Mestre percebe imediatamente que a finalidade do convite é resgatar carma negativo, é pagar dívidas contraídas, é autopunir-se por algum tipo de culpa.

Jesus não nega a validade da oração e do jejum, como meio de eliminar carma ou sofrimento-débito, muito pelo contrário. Os Evangelhos estão repletos de seus conselhos quanto à prática salutar da oração e do jejum.

Ocorre, porém, que, tendo em vista que o objetivo específico da oração e do jejum naquela oportunidade era resgatar pecados, teria mesmo de se declinar do convite.

Jesus, mais do que ninguém, reconhece na oração e no jejum um importante fator de reequilíbrio do corpo, da mente e da alma do homem, mas em um sentido mais amplo e elevado. Nenhum grande Mestre – e Jesus é o maior exemplo – faz qualquer coisa, como orar e jejuar, por compulsão externa, como, por exemplo, por causa de uma data previamente fixada no calendário religioso, ou, então, premido por alguma circunstância ou devido a alguma convocação ou convite. Um verdadeiro Mestre só faz ou deixa de fazer alguma coisa por livre e inteira convicção interna!

O Mestre Jesus nos deixa claro que ele e seus discípulos também podem orar e jejuar, mas, quando o esposo deixar o seu tálamo nupcial, isto é, quando houver algum tipo de interrupção subjetiva e momentânea, algum hiato, entre o finito e o Infinito, entre a criatura e o Criador, entre o homem e Deus!... Quantas e quantas vezes em sua vida pública, o Mestre orava... e jejuava! Basta relembrar que, antes de iniciá-la, ele orou e jejuou por quarenta dias e quarenta noites ininterruptamente... (Cf. Mt 4, 2; Lc 4, 2).

Logion 105) Disse Jesus: Quem conhece seu pai e sua mãe, por ventura será chamado filho de prostituta?

É mais uma sentença exclusiva de Tomé.
Filho de pai e mãe ou filho de prostituta?
Filho legítimo ou filho ilegítimo?
Quem é filho legítimo?
Para o mundo, as coisas do mundo e as leis do mundo, filho

legítimo é aquele concebido e nascido da união de um homem e uma mulher, conheça ou não sua verdadeira paternidade divina. Porém, neste contexto, filho legítimo é somente aquele que já nasceu ou renasceu pelo Espírito e tem pleno conhecimento de seu renascimento espiritual.

Nossos pais biológicos deram-nos o corpo físico, mas, ao contrário do que pensava Agostinho de Hipona, não são os autores, nem diretos nem indiretos, da nossa alma. Todos nós somos filhos diretos de Deus Altíssimo que, aqui em Tomé, é chamado de Pai-Mãe, cuja dualidade, no entanto, não pode ser aceita, é insustentável! Já vimos, por diversas vezes, que Deus não é pai nem mãe, em sentido comum, genético ou biológico. Deus é Causa não é condição. Deus é a Causa Única de tudo quanto existe, Deus é o Uno, Deus é o Alfa e o Ômega do Universo!...

Por tudo isso, se alguém se identifica com o seu ego humano, enquanto permanecer nessa ilusão deixa de ser, subjetiva e temporariamente, filho legítimo de Deus, ou seja, embora objetivamente filho de Deus, continua a ignorar essa Paternidade Única do Infinito, continua a ignorar a presença de Deus dentro de si mesmo, continua a ignorar sua própria filiação divina!...

Logion 106) Disse Jesus: Se de dois fizerdes um, então vos fareis Filho do Homem. E, então, se disserdes a este monte "retira-te daqui" – ele se retirará.

Esta sentença é continuação e conclusão do *logion* de número 48.

"Se de dois fizerdes um, então vos fareis Filho do Homem."

Fazer de dois um, tornar-se Filho do Homem, unificar todas as dualidades e bipolaridades da existência na Unidade Essencial, ou numa única palavra, *cristificar-se: eis a única verdadeira e autêntica missão do homem no mundo*. Isto é essencial e necessário, é um fim em si mesmo. Tudo o mais, seja o que for, é meramente secundário e acessório, apenas *meio* destinado à cristificação do ser humano.

Quando um homem se cristifica, ele e o Pai se tornam UM.

Todos somos candidatos à cristificação. O processo, porém,

não é nada fácil. Exige desapego completo e renúncia perfeita, sobretudo pobreza pelo Espírito e pureza de coração.

É preciso saber que o ter e o fazer pertencem ao mundo e são quantidade e fraqueza, ao passo que o ser pertence ao Espírito e é qualidade e força; que o ter e o fazer são temporários, enquanto o ser é eterno. Assim, quanto mais o homem renuncia às ilusões e fraquezas da matéria e quanto mais se desapega das miragens e limitações do ego, tanto mais se fortalece, tanto mais se cristifica, tanto mais espiritual se torna.

O Mestre Jesus afirma solenemente no presente *logion*, bem como em várias passagens dos Evangelhos Canônicos, que o Filho do Homem, ou seja, o homem cristificado, é, antes de tudo, um homem de fé, e que a fé pode remover montanhas!

Na verdade, Jesus proclama a onipotência da fé sobre todas as forças da natureza e sobre todas as potências da mente humana!

Ao comparar a fé, por exemplo, como um pequenino grão de mostarda (Cf. Mt 13, 31-32; Mc 4, 30-32; Lc 13, 18-19), o meigo Rabi da Galileia nos informa que a fé autêntica e verdadeira, por menorzinha que seja, é mais do que suficiente para deslocar montanhas e mudar árvores de lugar. E Jesus não mente jamais! Logo, algo está errado, muito errado! E está mesmo!

Está errado confundirmos *fé com crença*. Esta é a questão! *Tudo é possível a quem tem fé*. Mas, por outro lado, *nada é possível a quem somente crê*. Enquanto um pouquinho de fé, uma migalha, desloca uma montanha, nem todas as crenças dos homens, ainda que somadas e multiplicadas, conseguem movimentar um pequeno lápis na superfície de uma mesa!

"Quem crer será salvo!..." Quem inventou tamanha barbaridade? A crença, em si, não salva ninguém de coisa alguma. Isto é uma prerrogativa ou função exclusiva da fé, ou seja, da fidelidade, da harmonia, da sintonia perfeita entre o finito e o infinito, entre a criatura e o Criador, entre o filho e o pai, entre o homem e Deus!...

Logion 107) Disse Jesus: O Reino é semelhante a um pastor que tinha 100 ovelhas. Uma delas se extraviou, e era a maior delas. Deixou as 99 e foi em busca daquela única até achá-la. E, depois de achá-la, lhe disse: eu te amo mais do que as 99.

Em Mateus (18, 12-24) e em Lucas (15, 1-7), esta parábola da ovelha desgarrada é apresentada de um modo um tanto diferente, e, a exemplo de outras, como a do filho pródigo e a da dracma perdida, revela-nos o infinito amor de Deus por cada uma de suas criaturas, sobretudo por aquela que se cristifica.

A ovelha não pode achar o pastor, da mesma forma que o homem não pode achar Deus. Todavia, o pastor pode achar a ovelha e Deus também pode achar o homem... mas, se o homem se tornar achável! Isto porque, ao contrário da ovelha, o homem é dotado da sagrada faculdade do livre arbítrio.

Para ser achado, o homem tem que se perder... no bom sentido! Para ser achado, o homem precisa converter-se. Mas, por conversão não se deve entender aqui o ingresso de alguém nalguma organização de natureza religiosa, seja qual for, nem a troca de uma igreja por outra. Não é nada disso! Também não se trata de um simples e puro arrependimento. Conversão é sempre uma metanoia, uma transmentalização, por meio da qual o homem vai além da mente, mergulhando na intimidade da luz, na mais profunda profundeza qualitativa e crística do seu Eu. Conversão é um processo de autoiniciação, de cristificação. O profundo arrependimento, que normalmente ocorre, por causa de uma vida pregressa ou anterior, eivada de erros e pecados, não produz a conversão, apenas a antecede, somente a condiciona.

Ao dizer que ama a ovelha que se perdera, mais do que as outras 99, que se achavam seguras e há muito tempo já convertidas, o Cristo em Jesus frisa poderosamente o fato de que Deus ama infinitamente cada um de seus filhos, ama-o de tal forma ou com tanta veemência ou intensidade, que não permite que qualquer um deles se perca jamais! Deus é Pai, não é padrasto!

Ele não cria nenhuma perdição, ele não cria penas eternas de qualquer natureza!

Deus ama infinitamente cada uma de suas criaturas. Mas, é evidente que cada criatura recebe o impacto desse amor conforme a sua capacidade, a sua idoneidade receptiva. Não fora assim, esse amor poderia fulminá-la, desintegrando-a completamente!

Seja como for, todo e qualquer homem, ainda que temporariamente desgarrado ou perdido, voltará, mais cedo ou mais tarde, ao Infinito seio de Deus. Voltará necessariamente porque Deus é a sua origem e, por isso mesmo, é a sua meta, é o seu porto seguro, é o seu destino!...

Logion 108) Disse Jesus: Quem beber da minha boca se tornará como eu. E eu serei o que ele é. E as coisas ocultas lhe serão reveladas.

Este *logion*, próprio de Tomé, concentra palavras de profunda sabedoria, dirigidas especificamente aos esotéricos ou iniciados e não aos exotéricos ou profanos, ainda que de boa vontade.

"Quem beber da minha boca se tornará como eu", isto é, quem ouvir e assimilar a verdade que o Cristo transmite, por meu intermédio, tornar-se-á tão cristificado como eu mesmo o sou.

Ora, nada disso é novidade. O Cristo, em Jesus, já havia dito a mesma coisa em outras oportunidades. Em João, por exemplo (14, 12), afirma: "Quem tem fé em mim, fará as obras que eu faço, e fará obras maiores do que estas...", ou seja, cada um na exata medida de sua própria cristificação.

Tudo é possível a todo aquele que ingressa na consciência cósmica, tornando-se *UM*, Um com Deus, Um com os homens e Um com todas as criaturas do Universo.

Gostaríamos de concluir este tópico, com algumas palavras de Huberto ROHDEN (*O Quinto Evangelho*. 2. ed. São Paulo: Alvorada, p. 182-183):

> Quando a cosmo-consciência ou Cristo-consciência desperta no homem, o homem se integra no Todo da Divindade, sem diluir a sua individualidade humana.
> O verdadeiro "nirvana" não é uma diluição ou dissolução do homem em Deus, mas uma perfeita integração individual na Divindade Universal, é uma eternização do homem no Eterno.
> A consciência Cristo-cósmica é uma invasão da alma do Universo na alma do homem, o que só acontece quando o homem se torna cosmo-invadível, realizando em si perfeita ego-vacuidade em face da cosmoplenitude. Segundo leis infalíveis, onde há uma vacui-

dade acontece uma plenitude. Nesse sentido diz Jesus "de mim mesmo nada posso fazer; quem faz as obras é o Pai que em mim está".

E então todas as coisas ocultas anteriormente serão manifestas ao homem. O homem Cristo-cosmificado se torna onisciente e onipotente por participação. Entretanto, nada disso é dizível, nem mesmo pensável. A verdade suprema habita no eterno silêncio do "terceiro Céu", onde Paulo de Tarso ouviu os "ditos indizíveis".

Aí está. Tudo, portanto, depende da unificação do finito no Infinito, do homem em Deus, da criatura no seu Criador!...

Logion 109) Disse Jesus: O Reino se parece com um homem que possuía um campo no qual estava oculto, um tesouro de que ele nada sabia. Ao morrer, deixou o campo a seu filho, que também não sabia de nada; tomou posse e vendeu o campo – mas o comprador descobriu o tesouro ao arar o campo.

A parábola do tesouro oculto, com ligeiras variações, encontra-se em Mateus (13, 44).

Em tempos antigos, como na época de Jesus, não havia bancos nem casas bastante seguras para se guardarem valores. Por isso, homens muito ricos costumavam enterrar seus tesouros, baús cheios de ouro, por exemplo, principalmente quando havia guerras ou revoluções. Escolhiam geralmente um ponto estrategicamente localizado num campo, normalmente escondido e de difícil acesso, no sentido de impedir roubo, saque ou pilhagem. Às vezes, por causa da morte do dono ou proprietário da terra, ou em razão de outros fatores supervenientes ou por força maior, o tesouro ficava depositado e esquecido, até mesmo por séculos. Mas, finalmente alguém o encontrava.

Eram tão comuns os achados dessa natureza, que a lei romana houve por bem em disciplinar a questão. Dizia que quaisquer tesouros depositados no solo, sem dono conhecido, pertencia ao proprietário da terra. O tesouro, portanto, era um acessório.

Jesus, nosso grande Mestre, mais uma vez se vale de um símbolo material relativamente comum e corriqueiro de seu tempo, para nos dar surpreendentes e magníficas lições de ordem espiritual ou metafísica. Ao dizer que o Reino dos Céus se parece com o dono desse tesouro, revela-nos, nesta comparação, a incomensurável importância, a preciosidade e o imenso valor do Reino.

O dono do campo, no qual havia o tesouro oculto, morrera, desconhecendo sua fortuna. Seu filho e herdeiro tomou posse do terreno, ignorando também a riqueza escondida e acabou vendendo a propriedade com tudo o que ela naturalmente continha.

Coube, assim, ao feliz comprador achar o tesouro oculto, quando, justamente, *arava* a terra.

Algumas lições altamente relevantes, imediatamente nos vêm à tona:

1ª) – Tesouros espirituais são sempre *conquistas* e, por isso mesmo, *como tudo o que é qualitativo*, jamais se transmitem por via genético-hereditária. Não passam de pais para filhos;

2ª) – O tesouro espiritual, ou seja, o Reino de Deus dentro do homem, é tão profundo, que somente pode ser descoberto, depois de ararmos muitas e muitas vezes, sucessivamente, camada por camada, a espessa e duríssima crosta do nosso ego, aprofundando-nos cada vez mais em nossa busca interior; e

3ª) – O trabalho é extremamente árduo, o esforço individual é imenso, diuturno e constante, o que já desqualifica liminarmente aquelas almas frouxas, desfibradas, moloides, lesmoides ou moluscoides!...

Logion 110) Disse Jesus: Quem achou o mundo e se enriqueceu renuncie ao mundo.

Esta sentença de Tomé é uma conclusão natural do *logion* de número 81.

Por que deve o homem achar o mundo e se enriquecer... e depois renunciar? Ora, porque ninguém pode renunciar ao que não acha, ninguém pode renunciar ao que não tem... Em verdade, está sendo renunciado!... Para renunciar, é preciso ter algo!...

Todo autoiluminado sabe disso... A propósito, já mostramos algumas frases muito pertinentes, as quais não custa repetirmos. Vejamos:

Nada o mundo pode esperar de alguém que ainda espera alguma coisa do mundo. Mas, tudo o mundo pode esperar de quem nada mais espera do mundo. (Huberto ROHDEN.)
O verdadeiro Cristianismo é a afirmação do mundo que passou pela negação do mundo. (Albert SCHWEITZER.)
Abandona o mundo, depois recebe-o de volta purificado das mãos de Deus. (Mahatma GANDHI.)
Mas... por que renunciar ao mundo?
Todo candidato à cristificação deve renunciar ao mundo, mais cedo ou mais tarde!
Temos de tratar todas as coisas externas sem nos apegarmos a nenhuma delas. Temos de trabalhar intensamente, mas sem nos prendermos aos frutos do nosso trabalho. Não podemos nos envaidecer por causa de nossas vitórias, nem nos frustrarmos com as aparentes derrotas. Temos de nos manter completamente ativos por fora, porém inteiramente quietos ou místicos por dentro.

Vivemos no mundo *do ser*, cujo *ter* e cujo *fazer* não passam de meras consequências.

Na existência, somente o homem é um fim em si mesmo. Tudo o mais são meios, dos quais podemos e devemos utilizar, visando a um fim superior. Devemos usar moderadamente tudo quanto vier à nossa presença, seja coisa, seja prazer ou seja dor, porém não devemos abusar de coisa alguma.

Devemos renunciar ao mundo! Viver na intimidade qualitativa e crística do Eu interno, sem nos contaminarmos pelos equívocos e fraquezas do ego periférico e do mundo externo. O ego periférico é muito frágil e sofre por causa de qualquer coisa que lhe cause alguma resistência. Sofre se não recebe um favor; sofre se, mesmo recebendo, não o conserva. Mas, o Eu, pelo contrário, não sofre nem se ofende jamais! Nada espera, nada receia, nada teme e tudo aceita com a mais profunda calma e serenidade.

Quando o ego frágil se integra no Eu crístico, o homem renuncia a tudo o que é supérfluo, ele age sem esperar nenhuma recompensa, ele se transmentaliza e se torna um grande sábio!...

Logion 111) Disse Jesus: O céu e a terra se desenrolarão diante de vós, e quem vive do Vivente não verá a morte. Quem se acha a si mesmo, dele não é digno o mundo.

A posição de Tomé neste *logion* é muito original. Os outros evangelistas a desconhecem.

Quando o homem se cristifica, quando ele descobre o seu *Cristo Interno*, o seu íntimo ser, seu *atman*, seu Eu, a Essência se lhe torna transparente. Como tem a visão simultânea do todo, não mais necessita analisar intelectivamente as suas partes, os seus componentes.

Esse homem não mais pode morrer, porque já vive na intimidade qualitativa do ser eterno e imortal. Quem ainda não se cristificou é que precisa submeter-se ao processo de nascer, viver, morrer, nascer de novo e, assim, sucessivamente.

A vida eterna, porém, é isto: um viver sem nascer e sem morrer... para todo o sempre... agora sem nome, sem começo, sem meio e sem fim!...

Logion 112) Disse Jesus: Deplorável a carne que depende da alma! Deplorável a alma que depende da carne!

Este *logion*, cujo conteúdo não consta de nenhum outro Evangelho, é corolário do de número 56.

Como já temos visto, o homem não é uma alma sem corpo e, muito menos um corpo sem alma.

Infeliz do homem que se prende à alma de tal forma, que chegue a escravizá-la com o seu terrível cortejo de desejos egoicos. Desse modo, carregada de desejos impuros, ela se torna muito pesada e incapaz de alçar voos mais elevados nas asas do Espírito.

Mais infeliz ainda é o homem que se prende à carne com tamanha volúpia e intensidade, ao ponto de transformar sua vida num triste teatro de prazeres! Os extremos se tocam!

Todos nós viemos à carne para enfrentar tensões, tentações e resistências e vencê-las, como condição para uma evolução superior. Encarnados, temos as melhores condições e oportunidades para o autoconhecimento, a autolibertação e a autorealização de nós mesmos!

Logion 113) Os discípulos perguntaram-lhe: Em que dia vem o Reino?
Jesus respondeu: Não vem pelo fato de alguém esperar por ele; nem se pode dizer, ei-lo aqui! ei-lo acolá! O Reino está presente no mundo inteiro, mas os homens não o enxergam.

A correspondência deste *logion* com os Evangelhos Canônicos, ainda que, com algumas diferenças, vê-se em Lucas (17, 20-21).

Em Lucas, quem pergunta são os fariseus; em Tomé são os discípulos. Em Lucas, Jesus nos diz que o Reino está dentro do homem, ao passo que, em Tomé, sem desdizer o que disse, afirma que o Reino está presente no mundo inteiro, mas que os homens não o enxergam.

O Reino de Deus está dentro do homem, como, também *está fora do homem*. Está realmente no mundo inteiro, porque o Infinito está em todos os finitos, sem qualquer exceção, segundo a medida de receptividade de cada finito.

De qualquer modo, o Reino de Deus não vem pelo fato de alguém esperar por ele, não vem em algum tempo futuro, como depois da morte, por exemplo. Mesmo porque, o que a vida não fez, a morte não poderá fazer. O Reino de Deus está, antes de tudo, dentro do homem, *aqui e agora*. Basta, portanto, que seja devidamente conscientizado. Não há mágica, não há ritos externos, não há sacramento algum, que possam introduzir o homem na intimidade ou no interior desse Reino. Nenhum dogma é capaz de fazê-lo, nenhum tipo de culto ou de ritualismo exterior é suficiente.

Por outro lado, é preciso reconhecer também que o Reino de Deus não tem localização geográfica ou astronômica determinada. Ele está dentro do homem e em todo lugar, em todas as dimensões evolutivas do Universo, como Essência de tudo quanto existe. Ele abrange todos os homens, justos ou pecadores, aqui ou alhures, no mundo físico ou no mundo astral, em qualquer morada do Pai Celeste, em qualquer dimensão do

Universo. É um fato. Afinal, esse Reino não é semelhante a dez virgens, cinco tolas e cinco sábias? (Cf. Mt 25, 1-13). Não importa que as virgens tolas não consigam ir subjetivamente ao Reino de Deus, ao mesmo tempo que as virgens sábias. Irão depois, oportunamente, mas irão. Porém, só existe um caminho: mergulharem dentro de si mesmas, na mais profunda profundeza crística de suas almas, ou com outras palavras: Conhecerem o Cristo Interno, mantendo-lhe incondicional fidelidade em pensamentos, intenções, sentimentos, palavras e atos.

O Reino de Deus está objetivamente dentro do homem. Porém, o homem quase sempre está subjetivamente ausente do Reino de Deus! Esta ausência impeditiva e dorida resulta de uma grande ilusão, a ilusão separatista, que os homens, em sua gigantesca maioria, ainda mantêm em relação a Deus, e que também os distancia do próximo e das demais criaturas.

Enfim, é preciso que os homens sejam solitários com Deus para que possam ser solidários com todos os filhos de Deus!...

Solidão divina e solidariedade humana!...

Logion 114) Simão Pedro disse: Seja Maria afastada de nós, porque as mulheres não são dignas da vida.

Respondeu Jesus: Eis que eu a atrairei, para que ela se torne homem, de modo que também ela venha a ser um espírito vivente, semelhante a vós homens. Porque toda a mulher que se fizer homem entrará no Reino dos Céus.

A posição que Simão Pedro assume, neste logion, ainda que interprete fielmente uma visão ou estado de espírito muito comum em sua época, quando as mulheres não passavam, segundo a opinião dominante, de seres inferiores, é extremamente agressiva em relação à Maria, certamente, a Madalena. Aqueles eram tempos difíceis para as mulheres, quase sempre consideradas muito abaixo dos homens, completamente incapazes de acesso à Verdade Libertadora, estando impossibilitadas de voos mais elevados no âmbito do Espírito. Eram tempos marcadamente antifeministas, que já vinham de muito longe no curso da história!

Os autoiluminados, porém, jamais concordaram com tais discriminações vergonhosas. Sirvam-nos de exemplos Krishna, que é muito mais antigo, e o próprio Jesus de Nazaré. Ambos tratavam as mulheres com toda a dignidade e a consideração de que são merecedoras. Veja-se o episódio de Sarasvati e Nixdali, narrado por Édouard SCHURÉ (*Os Grandes Iniciados*. Trad. V. 2. São Paulo: Martin Claret, p. 55-56), no qual se pode estabelecer o mais impressionante paralelo de incríveis semelhanças entre Nixdali e Maria Madalena, conforme o testemunho de Lucas (7, 36-48)...

..."Toda mulher que se fizer homem entrará no Reino dos Céus" – afirma Jesus.

É a mais pura verdade. E não somente a mulher, mas todo e qualquer ser humano, independentemente de sexo!

Fazer-se homem para entrar no Reino dos Céus é retornar ao *anthropos* original, que é o *homem verdadeiro*, o homem como Espírito, anterior e posterior, tanto ao *anèr* ou *masculus*, como a *gynè* ou *femina*, portanto, anterior e posterior à bifurcação existencial do homem em macho e fêmea!...

O ser humano é Espírito e Espírito não tem sexo!...

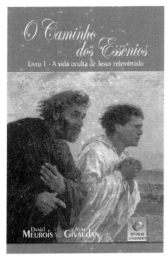

O Caminho dos Essênios
DANIEL MEUROIS / ANNE GIVAUDAN
Formato 14 x 21 cm • 384 p.

Eis aqui uma obra da maior importância, da qual inúmeros leitores pelo mundo afirmam que modificou a trajetória de suas vidas. Um livro que, para muitos, foi a base de uma reconciliação com Aquele que marcou para sempre nossa humanidade.

Desde a descoberta dos Manuscritos do Mar Morto, todos se perguntam: "Quem era Jesus? E quem eram esses essênios de quem Ele era tão próximo?"

Este livro tenta responder a perguntas como essas, através de um testemunho vivido. Na verdade, Daniel Meurois e Anne Givaudan nos revelam aqui o resultado desafiante de suas experiências nos Anais de Akasha, durante dois anos de viagens astrais.

Convidando-nos a folhear a Memória do Universo, os autores esclarecem, com uma nova luz, acontecimentos espantosos cuidadosamente ocultos há dois milênios.

Pela qualidade da escrita e pela força do seu pensamento, o testemunho dos autores nos leva a reviver com emoção o desenrolar da vida cotidiana de uma comunidade essênia dos tempos evangélicos.

Rapidamente transformado em best-seller nos inúmeros países em que foi traduzido, *O Caminho dos Essênios* surpreende e fascina. Mesmo que perturbe muitas das idéias tradicionais, ele tem o mérito, ao nada impor, de tocar profundamente o leitor, levando-o a refletir sobre a importância da contribuição essênia para a preparação da Missão Crística e para sua compreensão no processo de evolução espiritual.

Durante cerca de vinte anos, Anne Givaudan e Daniel Meurois uniram seus esforços para oferecer ao público um testemunho fora do comum sobre a pluralidade dos mundos e a busca de uma nova consciência. Traduzidos em treze línguas, os doze livros que escreveram juntos rapidamente se transformaram em best-sellers e constituem uma incontestável contribuição para a expansão da espiritualidade para o terceiro milênio. Hoje, cada um por si, e com o mesmo ânimo, os dois autores prosseguem seu trabalho de ensinamento e difusão.

A Alma é Imortal
GABRIEL DELANNE
Formato 14 x 21 cm • 320 p.

O espírito materializado de Katie King se apresenta a William Crookes, o famoso físico e prêmio Nobel, e, ao lado da médium adormecida, deixa que o fotografe e que lhe corte mechas de cabelo. Espíritos cruzam o véu da morte e vêm escrever mensagens com a letra que possuíam, contar fatos que só seus íntimos conheciam, fazer previsões que logo se realizam. Materializados, deixam-se fotografar, moldam braços e mãos perfeitos na parafina líquida; transportam objetos de longe para dentro de salas e caixas fechadas; materializam-se na hora do desencarne e vão ver seus familiares, abrindo portas, tocando campainhas, fazendo-se visíveis e audíveis a ponto de serem tomados por "vivos"; projetam seus corpos perispirituais à distância e se fazem ver e ouvir, como o amigo que o poeta Goethe viu na estrada de sua casa. Um dilúvio de *fatos espíritas* se derramava sobre o século XIX para despertar o público, intelectuais e homens de ciência para a realidade espiritual que o espiritismo veio sintetizar.

Em *A Alma é Imortal*, o sábio Gabriel Delanne, um dos vultos exponenciais do espiritismo nascente, relata esses casos extraordinários, analisa-os com raciocínio científico, e conclui: é a verdade se mostrando na sua esplêndida evidência; sim, nós temos uma alma imortal, e as vidas sucessivas são uma realidade incontestável. E tudo isso não é especulação filosófica: são *fatos,* reproduzidos às centenas e milhares, com todo o rigorismo de cientistas e pesquisadores.

Reunindo um acervo impressionante desses *fatos espíritas*, sobretudo materializações e aparições, esta obra é um fascinante depoimento sobre a imortalidade. "É chegada a hora em que a ciência deve se unir à revelação para promover a transformação da humanidade", diz Delanne.

Livro fascinante e indispensável àqueles que buscam as evidências da imortalidade, ou desejam enriquecer o conhecimento desses fenômenos que balizaram o início da "era do espírito".

O Sublime Peregrino
RAMATÍS / HERCÍLIO MAES
Formato 14 x 21 cm • 384 p.

Esta obra resulta da experiência direta de Ramatís — conhecido filósofo de Alexandria ao tempo de Jesus — que foi à Palestina encontrar pessoalmente o Mestre Nazareno, e posteriormente colheu, nos registros akhásicos, os verdadeiros registros vivos de sua existência no planeta.

Por isso, *O Sublime Peregrino* traz com realismo cinematográfico temas nunca dantes abordados: o nascimento, a infância e o lar do menino Jesus, suas brincadeiras e preferências, sua família e gestação, sua vida quotidiana entre o povo hebreu, o cenário da Galiléia e a influência de seu povo na missão de Jesus. Mas também focaliza como nenhuma outra obra a identidade sideral de Jesus, sua relação com o Cristo Planetário, os aspectos iniciáticos de sua missão, suas relações com os essênios. Revela detalhes inéditos sobre a figura de Maria de Nazaré e sua missão, sua gestação protegida pelas hostes angélicas, e o verdadeiro cenário do nascimento do menino-luz. E traça com riqueza psicológica o verdadeiro e insuspeitado perfil de Maria de Magdala e seu encontro com o Mestre.

Além da abordagem de temas iniciáticos como a descida angélica e a queda angélica, o Grande Plano e o Calendário Sideral, recolhe-se nesta obra a mais autêntica descrição do drama do calvário e dos últimos dias de Jesus.

O Triunfo do Mestre
RAMATÍS / NORBERTO PEIXOTO
Formato 14 x 21 cm • 384 p.

É característica de Ramatís, mentor sideral que impulsiona a evolução do planeta Terra, esclarecer o que ninguém ensinou e dizer o que ninguém disse. Suas obras propõem um novo patamar evolutivo, e colocam luz nos recantos "desagradáveis" da experiência humana, mostrando o avesso e o lado oculto do óbvio. Este novo texto disseca corajosamente uma prática que ainda resta como herança dos velhos cultos da primeira infância da humanidade: os sacrifícios animais em ritos de religiosidade e trocas interesseiras com o mundo oculto.

Com a precisão que lhe é peculiar, Ramatís mostra o que realmente está por trás dos bastidores desse universo sanguinolento – uma rede de dominação e usufruto de energias vitais que mantém a inferioridade planetária em alta, patrocinando obsessões, violência e desregramentos diversos. Desvenda ainda, com ineditismo, o processo psicológico pelo qual Jesus promoveu a substituição dos velhos ritos de sacrifício do Velho Testamento pela sua imolação propiciatória, anulando a suposta "necessidade" deles. Acrescenta o depoimento de um mago das sombras, comandante de uma rede de oferendas animais, que ilustra perfeitamente a matéria. E inclui uma análise das seitas neopentecostais que propõem o escambo interesseiro com a Divindade, com o sacrifício financeiro dos humanos objetivando auferir dividendos materiais.

O Triunfo do Mestre é o livro que faltava para iluminar os desvãos desse universo ainda mal compreendido; imprescindível para estudiosos de todos os matizes espiritualistas.

Olhai as Aves do Céu
IRMÃ TEREZA DE JESUS / EDUARDO LOURENÇO
Formato 14 x 21 cm • 200 p.

Jesus trouxe a psicoterapia do amor e do auto-perdão. Ainda que num planeta-escola de grandes provações, deixou-nos a certeza de que a paz e a ventura podem começar a ser construídas neste estágio da evolução. Se não começarmos a vivenciar e semear a felicidade aqui, também não seremos felizes no plano espiritual.

As mensagens reconfortantes apresentadas nesta obra – grandes temas-chave para o auto-conhecimento – são verdadeiras ferramentas utilizadas nessa construção. A força no interior de cada ser, a liberdade de escolha, o tribunal da consciência, a arte de ouvir e do diálogo, a visão interior, o existir no íntimo de Deus, o despertar dos talentos, a obsessão, e muitos outros temas, abordam com tal clareza a importância de uma nova postura moral que o leitor se sentirá estimulado a rever seu próprio comportamento. E ainda são acrescidos dois textos instigantes: as mulheres do cristianismo e a história dos apóstolos, em que são descritos, um a um, os doze seguidores do Mestre, com seu perfil psicológico e características pessoais.

A simplicidade e a fé que o Divino Nazareno preconizou, exortando-nos a tomar como exemplo as aves do céu, tecem nas páginas deste livro inspirado por Irmã Tereza de Jesus um roteiro suave para a construção interior da consciência crística.

O Evangelho à Luz do Cosmo
RAMATÍS / HERCÍLIO MAES
Formato 14 x 21 cm • 352 p.

Se na beleza irretocável dos ensinos e parábolas de Jesus nada pode ser acrescido ou alterado, contudo, hoje pode ser feita a leitura mais esotérica deles, e percebido o seu sentido interno e oculto, que durante séculos permaneceu velado à consciência comum da humanidade. É o objetivo da presente obra de Ramatís, que desvenda a dimensão secreta e cósmica das histórias singelas do Mestre Nazareno.

A evolução mental do terrícola, atualmente, já permite desvelar essa realidade mais profunda do Evangelho, que é a de se constituir uma síntese das leis cósmicas, ou a "miniatura do metabolismo do próprio Criador".

Neste obra de cunho iniciático, mas na linguagem cristalina e acessível característica de Ramatís, o leitor encontrará, além da interpretação mais profunda e esotérica dos preceitos evangélicos, um estudo fascinante dos temas "Deus" e "Evolução", tratados com a profundidade e clareza típicos do velho mestre da Grécia antiga.

Uma das obras mais atraentes de Ramatís, que irá conquistá-lo para o rol de seus milhares de leitores.

O Evangelho de Tomé
foi confeccionado em impressão digital, em fevereiro de 2025
Conhecimento Editorial Ltda
(19) 3451-5440 — conhecimento@edconhecimento.com.br
Impresso em Luxcream 80g, StoraEnso